JN025670

一番わかりやすい

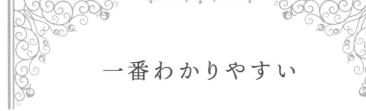

はじめての
インド占星術

A beginner's guide to Jyotish

村上幹智雄
-ミチユウ-

日本文芸社

はじめに

あなたは、人生の意味や目的について
考えたことはありますか?

こんにちは、星慧学(せいけいがく)ラボ主宰のミチユウです。

世界的な変化や時代の変わり目を実感する昨今、自分らしい人生

やスピリチュアルな生き方を求める人が増えています。 そんな中、

人生の意味や目的を知るための「運命の学問」であるインド占星

術に注目が集まっています。

「運命」の見地から的確なアドバイスができるため、インドでは進

路や仕事、結婚など、人生の大切な決断をする際に必要とされる

身近な存在です。

インド占星術の一番の魅力は、私たちが生まれる前に立てられた「魂の計画」を知ることができること。宇宙の法則から自分を客観的に見つめ、隠された本質を解き明かします。つまり、本当の「自分らしさ」を知ることができるのです。

インド占星術は西洋占星術より難しいと思うかもしれません。そこで本書では、イラストや図解、実例を豊富に使い、基本的なエッセンスを初心者でもわかりやすく学べるよう工夫しました。
あなたが魂の本質に気づき、喜びに満ちた人生を生きることを願っています。

CONTENTS

002 はじめに

PART 1

光の科学
インド占星術
の基本

010 インド占星術って何ですか？

012 自分を知るための"最強ツール"

014 光の科学が示す運命

016 占いの結果は定められた運命？

018 インド占星術でわかること

020 古代インドの深い真理から生まれた

022 昔も今も占星術は科学

024 インド人にとっての占星術とは？

026 西洋占星術とは何が違うの？ その①

028 西洋占星術とは何が違うの？ その②

030 インド占星術を人生に活かすために

PART

インド占星術

を

はじめよう

034　インド占星術を読み解く5ステップ

STEP1　036　ホロスコープのスタイルは四角形

036　038　使う星座はおなじみの 12 星座

040　インド占星術の惑星たち

042　12 星座それぞれの性質を知る

048　ホロスコープを作成してみよう

052　インド占星術の 12 ハウス

STEP2　054　アセンダント、月、太陽について

056　アセンダント、月、太陽を読み解く

058　著名人のリーディング実例

WORK1　060　自分のホロスコープを読み解いてみよう

STEP3 066 在住する惑星と支配する惑星　▶レッスン動画

068 惑星に込められた象意とは

070 惑星が示す吉凶とは　▶レッスン動画

073 惑星が持つ強さとは　▶レッスン動画

WORK2 085 惑星の意味から自分の性質を詳しく読み解いてみよう

092 土星外惑星について

STEP4 096 惑星のコンビネーション

098 インド占星術のアスペクト

WORK3 100 惑星のアスペクトをホロスコープで読んでみよう

STEP5 104 ハウスの表すものとは

106 ハウスとハウスの支配星

WORK4 107 ハウスから人生のテーマを読み解いてみよう

110 ハウスの分類でさらに複合的に読む　▶レッスン動画

122 人生の方向性を示すハウス

WORK5 124 ハウスから結婚を読み解いてみよう

WORK6 129 ハウスから仕事を読み解いてみよう

PART *3*

自分の
人生を
読み解こう

(136) インド占星術の未来予測技法

(138) ヴィムショタリ・ダシャー・システムとは

(140) マハー・ダシャーとアンタル・ダシャー

(142) ヴィムショタリ・ダシャーの見方

(144) マハー・ダシャーで見る星座からの意識

WORK7 (146) ヴィムショタリ・ダシャーから過去、現在、
未来を読み解いてみよう

(154) プロはこう読む 鑑定例

PART 4
インド占星術と
アーユルヴェーダで
見る体質

158 アーユルヴェーダって何ですか?

160 生まれつきの体質 "ドーシャ" を知る

164 惑星とドーシャの関わりについて

166 体と心の性質を表す9つの惑星タイプ

WORK8 171 アーユルヴェーダを用いて自分の体質を読み解いてみよう

190 おわりに

COLUMN

032 1 ホロスコープに記された人生

095 2 双子の運命は同じ?

156 3 インド占星術と「ヨーガ」

175 4 インド占星術でプチ悟り体験

巻末資料

176 12星座の象意一覧

180 惑星の象意一覧

184 ハウスの象意一覧

188 キーワード辞典

レッスン動画について

目次で「レッスン動画」と記してあるページでは、QRコードから解説動画にアクセスできます。
※端末や通信環境によっては、ご利用いただけない場合や別途通信料がかかる場合があります。本
　サービスは予告なく変更することがあります。あらかじめご了承ください。

PART 1

光の科学

インド占星術

の基本

インド占星術はどんなことを占えるの？
西洋占星術と何が違うの？　そんな基本から解説します。

インド占星術って
何ですか?

占いだけど占いじゃない?
深遠なるインド哲学の一部

　インド占星術はヒンディー語で「ジョーティシュ」といい、光の科学、光の知識という意味です。「占い」というと日本ではエンターテインメントととらえる人もいますが、インドでは違います。論理的で数学的な技法を使った、具体的で鋭いリーディングから「科学」「知識」と認識されています。

　インド占星術では、私たちの人生は天空の星々や惑星の影響を受けていると考えます。これは、人間も宇宙の一部であるとする哲学思想によるもの。この哲学思想を学ぶと、人も含めた自然界がひとつの有機体であり、すべてがつながり合う生命体であるという視点にたどりつきます。インド占星術を通して私たちは生まれた意味や目的、課題を知り、自分をより深く理解し、自らの「内なる声」とつながることができるのです。

「人生を照らす光」になる占い

地上の天気に関係なく、雲の上はいつも晴れているように、この自然の摂理は人生にも当てはまります。仕事や恋愛、進むべき道……、日々、悩みや心配事は尽きませんが、雲を突き抜けて飛び出せば、いつも「私」という太陽が光り輝く世界が待っています。人生を照らす「道しるべ」としてのインド占星術で、人生を輝かせてみませんか。

自分を知るための
"最強ツール"

人生で一番大切な「自分を幸せにすること」、
「最大限に自分を活かす方法」がわかります

　インド占星術はとても論理的で、性格や能力、才能やテーマなどを客観的に見ることができます。どんなときに幸せや悲しみを感じ、どんなことが得意で苦手か、どんな自分でありたいか──自分らしさがわかれば、自分を最大限に活かす方法もわかるようになると思いませんか。現代インドの著名な占星術家K・ナラヤン・ラオ氏は、占星術を学ぶ意義をこんなふうに伝えています。

"占星術は、人間を構成する肉体・心・知性・精神性といったものを、総合的に見つめる洞察力を与えてくれます。人間の内側を総合的に見ながら、この世のなか全体を総括的に見つめること、これが調和と安らぎをもたらす真実の方法なのです。"

インド占星術の5つの分野

1 運命を見る

ジャータカ
（Jataka）

英名
ネイタル
（Natal）

個人の出生時の天体
配置を使って、個人
の運命、性質、能力、
結婚、仕事を見る。

 本書で扱うのはここ

2 年運を見る

ヴァルシャ
ファラ
（Varshaphal）

英名
ソーラー
リターン
（Solar Return）

出生時の太陽の位置
に回帰してきたときの
ホロスコープを用いて
個人の年運を見る。

3 吉凶を見る

プラシュナ
（Prashna）

英名
ホラリー
（Horary）

相談を受けた日時・場
所をもとにホロスコープ
を作成し、吉凶を見る。

4 吉日選定をする

ムフルタ
（Muhurtha）

英名
エレクショナル
（Electional）

人生の重要なイベント
（結婚、契約、手術など）
の吉日選定をする。

5 社会現象を予測する

サムヒター
（Samhita）

英名
マンデン
（Mundane）

社会占星術。政治、経済、
天候、地震、疫病、戦争、
飢餓などの社会現象を
予測する。

光の科学が
示す運命

輪廻、転生、カルマの法則
魂の成長のため、私たちは繰り返し転生する

　インド占星術では、過去世での行いが今世の人生を運命づけると考えます。それは、死んであの世に還った霊魂がこの世に繰り返し生まれ変わる「輪廻転生」という思想に基づくから。どんな運命を生きるか、それは過去世の「カルマ」次第。カルマはもともと「行為」を表す言葉で、日本語で業と訳されます。

　土に蒔いた種が実るように、自分の行いはよくも悪くもすべて自分に返ってくる。これがカルマの法則です。未来のために種を蒔く行為は大切です。しかし、必ずしも収穫につながるとは限りません。土が悪ければ十分に根が張れず、枯れてしまうこともあります。悪いカルマが返ってくるのは、魂という土が未熟である証拠。どのような運命を生きるかはカルマ次第。このカルマが記されているのが、インド占星術なのです。

私たちはカルマとともに輪廻する

転生

過去世の「木（肉体）」が枯れるとき、過去世での行為が記録されたカルマの「種」が土（魂）に落ちて還ります。

今世で悪い木に育てば悪い種として、いい木に育てばいい種となって土（魂）に還り、来世でも再び同じことが繰り返されて輪廻します。

土（魂）は新しい植物（肉体）として今世に転生。カルマの種は過去世での行為を再現しながら育ち、土（魂）に根をおろして風雪に耐え、成長します。

カルマ自体に善悪の概念はなく、自分の行為がそのまま返ってくるというシンプルな法則。もし幸せな人生を送りたければ、「魂が求める本当にやりたいこと」を通して、自分も他人も幸せにするのがベスト。人生はより豊かなものに変わっていきます。

占いの結果は 定められた運命？

占星術が示すのは可能性。鍵を渡されても 自分で鍵を開けなければドアは開かない

　ホロスコープ（出生図）には、生まれ持ったカルマが記され
ています。ということは、私たちの運命はカルマによってすべ
て決まっているのでしょうか。答えは「ノー」です。インド占
星術で決められている運命は全体の 70 ～ 80％といわれ、残
りは「自由意志」で決められるとされています。

　例えば、「人に教えることに関わる人と 30 歳前後で結婚する」
という運命的な可能性が示されていても、結婚するかしないか、
愛のある深い絆を築けるかどうか、それは自由意志で変えられ
るということ。ただ、当然ながら占星術は可能性を伝えるもの
なので、何も行動せず、出会いを待っているだけでは結婚でき
ません。鍵を渡されても、自分で鍵を開ける前向きな行動が伴
わなければドアは開かないということです。

運命には逆らえない？

変えられるところもある

私たちの魂は今世の肉体を得て、そこに入り、生まれる瞬間や親を選んで誕生（転生）します。生まれてからは、誕生日や親を変えられないなど、逆らえない運命が存在します。例えるなら、ドラマのあらすじや配役、撮影期間が決まっているというイメージ。ただ、セリフや衣装、撮影日程など自分の意志で変更できる部分もあります。

自由意志で決められるのは、どんなこと？

人生を磨くのは自分

結婚運がいいとされるホロスコープなのに仲の悪い夫婦もいます。その運命を我慢して受け入れるか、精神的な成長を経てよりよい関係性に変えられるかは、自由意志の領域。結婚運が悪くても、仕事で成功する運命の人もいます。幸せをどうつかむかは自分次第。運命という原石を磨き、宝石にするか否かは自分の内面の成長にかかっています。

インド占星術では、「変えられない運命 ： 自由意志で変えられる運命＝約7：3」といわれているんだよ。

インド占星術で
わかること

過去世のカルマの結果が私たちの人生にどのような影響を
およぼしているのか、インド占星術で読み解いていきましょう。
個人の運命を見るジャータカでは、次のような内容が示されます。

ジャータカで読み解けること

自分自身
性格、先天的運・不運、
素質、家族、先祖、
心理的傾向、
トラウマ

人間関係
両親、パートナー、
配偶者、友人、
兄弟姉妹、親戚、
職場

恋愛と結婚
出会い、相性、結婚、
別離・離婚

子ども
出産の時期、
子どもの特徴

仕事
天職、適性、
就職・転職の時期、
成功、出世、商才

健康と病気
かかりやすい病気、
弱い身体部位、
潜伏・発病・
治癒のタイミング

金運
金銭運、投資運、
土地・不動産運、
遺産運

競争力
学業・試験運、才能、
知識の習得、
社会進出力

霊性
精神性、宗教性、
思想性、信仰心、
精神的指導者の運

本書で読み解く5つのテーマ

自分の性格や才能、人生の目的や方向性

生まれ持った性格や才能、人生の目的や魂の成長の方向性がわかります。

家族関係

両親や兄弟姉妹、自分の子どもの性質や性格がわかります。

仕事の適性や天職

性格や才能、興味関心から、あなたに合った職業や天職がわかります。

アーユルヴェーダでみるドーシャ体質

PART 4で取り上げるアーユルヴェーダの知識を組み合わせることで、あなたの体質やかかりやすい病気も読み解けます。

恋愛と結婚

好きになりやすい異性のタイプ、出会いや結婚につながりやすい時期がわかります。

古代インドの
深い真理から生まれた

約5000年もの歴史がある
口伝で継承されてきた秘伝の知識

　古代よりインド占星術の知識は口伝で継承されてきました。その成立年代には諸説あり、数千年前とも数万年前ともいわれます。一番古いインド占星術の文献は、神から啓示を受けた聖者パラーシャラが約5000年前に著した『ブリハット・パラーシャラ・ホーラ・シャスートラ』とされています。

　インド哲学の根幹をなす「ヴェーダ」（右ページ参照）の思想は、インドに古くから伝わる宗教、文化・伝統のほとんどに影響をおよぼしています。アーユルヴェーダ（医学）、ヨーガ（心理学）もヴェーダの教えの中のひとつ。そして、インド占星術（天文学）は、ヴェーダを正確に理解するために用意された補助学のひとつに当たります。現代においても、インドには学問としての占星術を教える国家機関や大学が存在します。

インド占星術はここから生まれた

インド哲学の礎 「ヴェーダ」とは？

ヴェーダとは「知識」という意味で、紀元前1000年頃から紀元前500年頃にかけてインドで編纂された文献群の総称。リシと呼ばれる古代インドの賢者たちが瞑想中に受け取った天啓、宇宙の根本原理をまとめたものです。

神様や聖人のホロスコープもある！

木星 （Ju）		アセンダント （As） 月（Mo） ケートゥ（Ke）	
火星 （Ma）			太陽 （Su）
	ラーフ （Ra）	金星（Ve） 土星（Sa）	水星 （Me）

インドの神様
クリシュナ

すべての女性を虜にするイケメン神様

上のホロスコープはヒンドゥー教で人気のあるクリシュナという名前の神様のホロスコープです。インドにはクリシュナやシャカなど、古代インドの神様や聖人のホロスコープが伝説のなかで残っています。

昔も今も
占星術は科学

へだたりのない天文学と占星術
ルーツはどちらも「天体観測」

　天空の観察は、古くから世界中どの地域でも行われており、占星術の起源は紀元前までさかのぼるといわれています。古代・中世ヨーロッパ時代、天文学と占星術は分離しておらず、西洋でも占星術は「光の科学」と呼ばれるインド占星術と同じように、科学として扱われていました。

　古代の人々は太陽や月など規則正しく巡る星を観察して暦をつくり、これが天文学の礎となりました。暦は農耕へと活用され、豊作を願う祭礼儀式と結びつきます。その後、太陽系内をさまよう他の星々にも着目した先人によって、星の動きやその象徴から人間や国家、社会全体への影響を推測する占星術が発展しました。占星術とは天文学同様、宇宙の法則を読み解く科学といえるものなのです。

あの科学者も占星術を研究していた！

「医学の祖」古代ギリシャの医師

ヒポクラテス
（紀元前 460 年頃〜
紀元前 370 年頃）

> 占星術を理解しない者は
> 医師ではなく愚か者である

自然治癒力に注目したヒポクラテス。体の病と治癒に惑星周期が密接に関与しているという医療記録を残したとされています。

ドイツの天文学者・数学者

> 星の占星術的影響は
> たいへん説得力があり、これを否定できるのは
> 検証をしたことがない者だけである

地動説を完成させたケプラーは、天文学と占星術が完全に分離していなかった時代に、占星術師として生計を立てていた時期もありました。

ヨハネス・ケプラー
（1571 〜 1630 年）

イギリスの科学者

アイザック・ニュートン
（1642 〜 1727 年）

> 弟子の質問「なぜ占星術を信じるのか?」に対して
> 「私はそのテーマを研究した。
> あなたはしていないでしょう?」と答えた

1663 年の夏、ニュートンは好奇心から買った占星術の本に使われている計算式がわからず数学の勉強を開始。そのわずか 2 年後に「万有引力」の概念に到達しました。

歴史上には、自らの研究を通して宇宙の法則にたどりついた有名な科学者もいます。
日本の宇宙開発の父・糸川英夫博士も熱心な占星術研究家の一人でした。

インド人に
とっての占星術とは？

個人、ビジネス、国家でフル活用
占星術は一生を通して活用するもの

　インドでは昔から、子どもが生まれると占星術師に来てもらい、その子の人生に起こる出来事をすべて占ってもらう慣習があります。内容は健康や人間関係、結婚や職業など、多方面にわたります。その子の人生の羅針盤となるように、生活のあらゆる局面で変化をもたらす具体的な出来事を伝えてもらうのです。

　現在もお見合い結婚が一般的なインドでは、結婚（相手）を決める際には必ず相性占いをします。結果が悪ければ破談になることも日常茶飯事。最近は自由恋愛で結婚する若者も増えているようですが、離婚率も高いと聞きます。また、1947 年のインド建国時には独立の時間を占星術師の意見によって決めたという興味深いエピソードもあります。このように重要な決断を迫られる節目にこそ、占星術が活用されているのです。

人生とともにある占星術

出生後すぐ占ってもらう

進路の相談も

人生のあらゆる節目で

結婚の相性も

インドでは進路や転職を決めるとき、病気や結婚のときなど、人生のあらゆる場面で占いを利用し、占星術師はよくない結果の回避策なども含めて具体的にアドバイスをします。起業するタイミングや事業計画、重要な契約を結ぶときなど、ビジネス目的での活用も一般的です。私たちの人生にもインド占星術を活かしてみませんか？

西洋占星術とは
何が違うの？ その①

インドと西洋で、あなたの星座が変わる？
12星座の起点を決める星座システムの違い

「12星座の起点（牡羊座の0度）を決める座標が異なること」、これがインド占星術と西洋占星術の一番大きな違いです。

インド占星術は、銀河系のある恒星群を基準に牡羊座の0度を決める「サイデリアル星座帯」を使用しています（右ページ参照）。夜空に見える星座とほぼ同じ座標の星座を使い、動きのない恒星の位置を基準にしているのが特徴です。

一方、西洋占星術の多くは春分の日に太陽があるポイント（春分点）を牡羊座の0度と定める「トロピカル星座帯」を使用。基準となる春分点は、地球の歳差運動によって72年に1度の割合で毎年少しずつ逆行するため、星座帯全体が移動し続けています。そのためインド占星術と西洋占星術では、12星座の座標が異なり、現在、24度くらいのずれが生じています。

大きく異なる星座システム

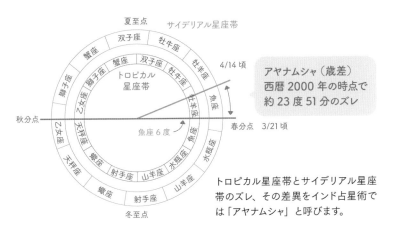

トロピカル星座帯とサイデリアル星座帯のズレ、その差異をインド占星術では「アヤナムシャ」と呼びます。

あなたの太陽星座を確認してみよう

西洋占星術 （トロピカル星座）	太陽星座	インド占星術 （サイデリアル星座）
3月21日〜4月19日生まれ	牡羊座	4月14日〜5月14日生まれ
4月20日〜5月20日生まれ	牡牛座	5月15日〜6月14日生まれ
5月21日〜6月21日生まれ	双子座	6月15日〜7月16日生まれ
6月22日〜7月22日生まれ	蟹座	7月17日〜8月16日生まれ
7月23日〜8月22日生まれ	獅子座	8月17日〜9月16日生まれ
8月23日〜9月22日生まれ	乙女座	9月17日〜10月17日生まれ
9月23日〜10月23日生まれ	天秤座	10月18日〜11月15日生まれ
10月24日〜11月21日生まれ	蠍座	11月16日〜12月15日生まれ
11月22日〜12月21日生まれ	射手座	12月16日〜1月14日生まれ
12月22日〜1月19日生まれ	山羊座	1月15日〜2月12日生まれ
1月20日〜2月18日生まれ	水瓶座	2月13日〜3月14日生まれ
2月19日〜3月20日生まれ	魚座	3月15日〜4月13日生まれ

西洋占星術とは
何が違うの？ その②

使用する惑星、重要視する惑星、
背景にある思想の違いも大きな特徴のひとつ

　２つの占星術の共通点は、同じ太陽12星座を使うことで、それぞれの星座の意味合いもほぼ同じです。インド占星術では、天空を27に分割するナクシャトラ（月星座）を用いる点で異なりますが、使用する惑星は太陽系に実在する天体を用いるという点で共通しています。ただ、インド占星術では近代になって発見された天王星・海王星・冥王星（土星外惑星）は使いません。また、主に使用する天文学的特異点の「アセンダント」「ラーフ」「ケートゥ」を重要視しているのも特徴的です。

　思想的には、大きな違いがあります。西洋占星術では現世での成功・発展を重視し、インド占星術では精神的な成長を重視します。それは、重要視する惑星が太陽なのか、月なのかといった違いにそのまま結びついています。

インド占星術と西洋占星術の違い

	インド占星術	西洋占星術
星座システム	サイデリアル星座帯	トロピカル星座帯
天空分割方式	12星座 ナクシャトラ（月星座）	12星座
使用する惑星	太陽、月、火星、水星、木星、金星、土星	太陽、月、火星、水星、木星、金星、土星、天王星、海王星、冥王星
主に使用する天文学的特異点	アセンダント、ラーフ（西洋占星術ではドラゴンヘッド）、ケートゥ（西洋占星術ではドラゴンテイル）	アセンダント、MC（メディウム・コエリ、南中点）
背景にある思想	精神的な成長を重視	物質世界での成功を重視
重要視する惑星	月	太陽

世界観に違いがある

インド占星術

精神的な成長を重視。「高次の意識」とつながることによって幸せを求める。

月に重点を置く

心や感情など、内面の世界を重要視

私の星座＝月の星座を指す

西洋占星術

自己実現を重視。物質的に成功・発展し、自我を満たすことで幸せを求める。

太陽に重点を置く

社会性、自我意識を重要視

私の星座＝太陽の星座を指す

インド占星術を
人生に活かすために

これからの生き方やビジョンを考える「きっかけ」として、
インド占星術のホロスコープを通じて自分の本質を知り、
「魂・心・体」の特徴から人生を読み解いてみましょう。

この本の道しるべ

自分のホロスコープを出す

インド占星術の WEB サイトやアプリ
を使って、自分のホロスコープを作成。
その後、本書の手順に沿って必要な
情報を書き込んでいきましょう。イン
ド占星術や占星術に触れるのははじめ
てという人も理解しやすいよう、基礎
的な内容を [STEP1] から [STEP5]
の段階別に学んでいきます。ステップ
ごとにホロスコープを使った解説があ
り、その内容を踏まえて、自分のホロ
スコープから人生の傾向（家族、才能、
仕事、恋愛・結婚）を見ます。

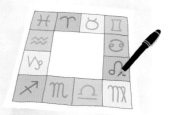

PART 2 を
チェック
▶ ▶ ▶

自分の人生を読み解こう

インド占星術は他の占星術に比べて的中率が高いといわれます。その理由の
ひとつが、「ダシャー」と呼ばれる惑星や星座を使った運命サイクルを見る
方法にあります。PART 2で見た人生全般の傾向が、人生のどの時期に起
こりやすいかを読み解きます。人生の節目節目には必ずといっていいほど転
機が訪れるもの。その中長期的な運勢の動向を見るダシャーを読むことで、
今現在の立ち位置と、これから先の人生の流れを確認します。自分らしい
生き方や新しいビジョンを探している人におすすめです。

PART 3 を
チェック
▶▶▶

体質診断に応用する

インドの伝統医学「アーユルヴェーダ」とインド占星術は、同じ「ヴェーダ」
の思想から派生したもので密接な関係があります。ホロスコープ上の星の配
置からアーユルヴェーダの体質を見ていく方法を紹介します。インド占星術
には、**惑星などに体の部位を対応させる**という考え方があります。これは医
療占星術と呼ばれる分野で、ホロスコープ上の惑星の状態を読み解くことで、
あなたの健康状態や体の弱い部分を見ていきます。ワークを進めながら、
自分の体の声に耳をすませてみましょう。

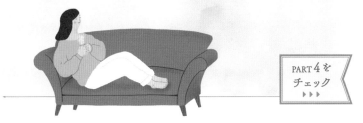

PART 4 を
チェック
▶▶▶

ホロスコープに記された人生

　私、ミチユウとインド占星術との出会いは 24 歳の頃。インドの聖地リシケシを旅したときの、ある日本人のヨガ修行者との出会いがきっかけでした。その方は悟りの修行のためにインド占星術も学んでおり、彼の紹介で私もインド占星術師に見てもらう機会に恵まれました。そこで語られた私の人生について、驚くことに、7 割が合っていたのです。とても不思議でした。

　2 回目のインド旅行を機に、インド占星術を独学で学びはじめました。そんなある日、ホロスコープに私の人生が記されていると、直感的にわかった瞬間がありました。「人の性格や運命はあらかじめ決まっていない」という考えから、「生まれた時点で、宇宙の法則によりある程度決まる」という考えに至り、人生の価値観を根底から覆す衝撃的な気づきになりました。

PART 2

インド占星術

を

はじめよう

ホロスコープ、星座、惑星などを解説するとともに
あなたのホロスコープも読み解きます。

インド占星術を
読み解く5ステップ

ホロスコープの形式から星座・惑星の意味、
ハウスまでを5段階に分けて
実践的に学びましょう。

PART 2でわかること

STEP 1
ホロスコープ・
星座・惑星

インド占星術のホロスコープは
四角い独特の形をしています。
その読み方を星座の意味、惑
星記号とともに解説。ホロス
コープを作成できる無料サイト
の使い方も紹介します。

インド占星術ならではの
出生図の形式に慣れよう！

ホロスコープで最も大切な
3つのポイントをチェック

STEP 2
アセンダント・
月・太陽

アセンダント、月、太陽のある
星座から、どんな性格・性質
かを見ていきます。実例を読
みながら、自分のホロスコー
プを実際に読み解いてみま
しょう。

惑星・ハウス・星座をつなぐ
アスペクトからわかること

STEP 4

惑星の
コンビネーション

アスペクトの種類、その意味から、インド占星術の文法とも呼べるリーディングの技法を学びます。言葉と言葉をつなげて文章をつくるように、新しいメッセージが生まれます。

STEP 5

人生を表す
12ハウス

インド占星術ならではの、アセンダントのある星座を1室とする「ハウス」の概念。12ハウスそれぞれに割り振られた人生の主要なテーマから、自分の人生における課題を見ていきます。

ハウスが与える影響とは？
人生のテーマを読み解く

STEP 3

9つの惑星について

インド占星術で使う9惑星それぞれの持つ基本的な意味合い、「吉凶」、スピリチュアルな意味、「強さ」について取り上げます。リーディングの基礎となる惑星の意味を理解しましょう。

占星術の「土台」となる
星々の意味を知ろう

本書ではキーワードや象意を自分でピックアップするワークページをたくさん用意したよ。象意を選ぶことが自分と向き合うことになり、より自分を知ることができるよ。

ホロスコープの
スタイルは四角形

ホロスコープは「魂の計画書」
その形は主に2種類

　その人が生まれた瞬間の天体配置を投影した平面図（チャート）のことを「ホロスコープ」や「出生図」といいます。普段あまり意識していなくても、地球は自転しながら太陽の周りを公転し、その太陽も含めた天空の惑星たちはつねに動いています。そのため、地球上のいつ・どこで生まれたかによって、その人個人を特定するホロスコープをつくることができるのです。たとえ誕生日が同じ人でも、出生地や出生時間が少しでも違えば、同じホロスコープになることはありません。

　インド占星術の主なチャート方式は、南インド式と北インド式の2種類あり、形式が異なるだけで中身は同じです。本書では、視覚的に理解しやすい「南インド式」のホロスコープを使用して解説します。

北インド式と南インド式がある

魚座	牡羊座	牡牛座 Mo05:59	双子座 Ju02:44
水瓶座			蟹座 Ke07:53
山羊座 Ra07:53			獅子座 Ve10:26 Ma14:37
射手座	蠍座	天秤座 Sa03:46 As23:30	乙女座 Su10:32 Me25:24

南インド式

12 星座の位置が固定されています。左上の角が魚座で、時計回りで牡羊座からならびます。

惑星と度数。Ve は金星の略英字。他の惑星の表記は 41 ページを参照。略英字横の数字はその惑星が天空上で位置する星座の角度を表した度数。

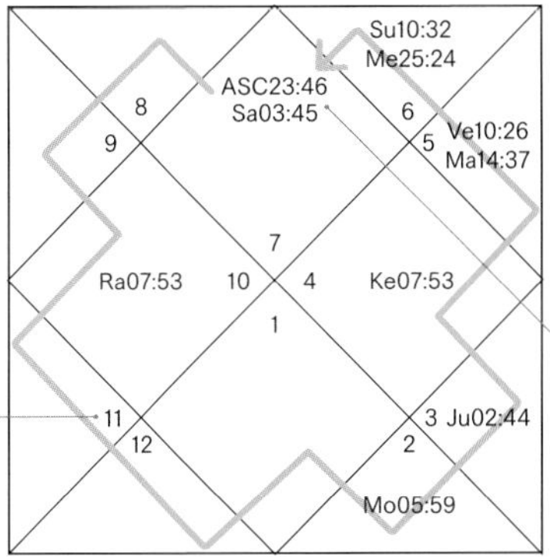

星座番号を示す。

アセンダントはこの位置。

北インド式

アセンダントの位置が固定されています（中央上）。アセンダントのある星座（番号）を起点に反時計回りで星座がならびます。

本書では南インド式のチャートを使用。星座が時計回りに配置されていて見やすくて便利。また、惑星のアスペクトがわかりやすいというメリットがあるんだ。

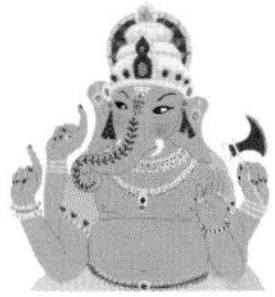

使う星座は
おなじみの 12 星座

ヒトの一生 = 12 星座
魂の成長サイクルの物語

　古代の人たちは天空にある星々を 12 の星座に分けました。地球から見た太陽の通り道を黄道といい、木星が約 12 年かけて一周することから、黄道を 12 等分したのが 12 星座のはじまりです。インド占星術で、この木星はダルマ（法則）の真髄を示す星。先人たちは天空の星々に、人の運命サイクルが記されていると気づいたのです。

　厳密にいえば、占星術の星座と天文上の星座は概念が異なります。占星術で各星座の天空における幅は 30 度ですが、実際の天空で星座は 30 度ずつ均等にならんでいるわけではありません。そのため、占星術では星座を「サイン」または「宮」と呼んで区別することもあります。本書では親しみやすい「座」という表現を使うことにします。

ホロスコープ上の12星座の位置

魚座♓	牡羊座♈	牡牛座♉	双子座Ⅱ
水瓶座♒			蟹座♋
山羊座♑			獅子座♌
射手座♐	蠍座♏	天秤座♎	乙女座♍

人生サイクルを表す12星座には、とても深い意味が隠されているんだ。12星座＝木星の12年サイクルが、中国に伝わり干支になったという説もあるよ。また、インドの言葉で星座は「ラーシ」、ホロスコープを「ラーシチャート」と呼ぶこともあるんだ。

インド占星術の
惑星たち

主に使われるのは９つの惑星
公転周期によって与える影響は異なる

　インド占星術で使う惑星は太陽、月、水星、金星、火星、木星、土星に「影の惑星」と呼ばれるラーフ、ケートゥを加えた９つ。これらを「ナヴァ（９）・グラハ（惑星）」と呼んでいます（天文上、太陽は恒星、月は地球の衛星、ラーフとケートゥは太陽と月の軌道の交点ですが、占星術では慣習的にすべて「惑星」と呼びます）。

　これら惑星には「公転周期」があり、木星の公転は約12年、水星は88日、土星は約30年となります。それぞれの動きの特徴がリーディングに必要な要素となります。例えば、公転周期の短い太陽、月、水星、金星、火星は「個人の性質」に強い影響を、一方で木星、土星、ラーフ、ケートゥの長い周期の惑星は一個人より「世代の性質」に影響を与えます。

インド占星術で使う惑星と記号

表記	As	Su	Mo	Me	Ve	Ma	Ju	Sa	Ra	Ke
名称	アセンダント	太陽	月	水星	金星	火星	木星	土星	ラーフ	ケートゥ
記号	なし	☉	☽	☿	♀	♂	♃	♄	☊	☋

惑星の名前は、英語の頭文字または惑星記号でホロスコープに表記されます。なお、伝統的なインド占星術では「天王星」「海王星」「冥王星」を用いませんが、本書ではこの3つの天体も扱います（詳しくは92ページ〜）。

ラーフとケートゥとは？

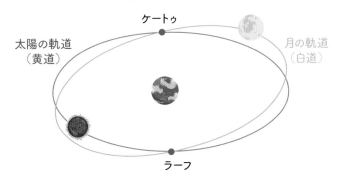

天文学	インド占星術 での呼称	西洋占星術 での呼称	中国系占星術 での呼称
ノースノード （北節）、昇交点	ラーフ	ドラゴンヘッド	龍頭
サウスノード （南節）、降交点	ケートゥ	ドラゴンテイル	龍尾

ラーフとケートゥは実在しない惑星で、月の軌道（白道）と太陽の軌道（黄道）が交差する点を指しています。交点は2つあり、ラーフは月が南から北に横切る点、ケートゥは月が北から南に横切る点を表します。両者はつねに180度離れた位置にあり、12星座を逆方向に移動していきます。ホロスコープ上では、互いに向かい合う星座の同じ度数に位置します。

12星座それぞれの
性質を知る

人の思考や行動パターンが
各星座に表されている

　占星術で一番大切なのは「星座」という概念です。なぜなら、星座には人の普遍的な思考や行動パターンが含まれ、それを12に分類したものだからです。これらを正しく理解することで、ホロスコープをより深く読み解けるようになります。

　12の星座は、宇宙を構成する要素によっていくつかのグループに分けられます。右ページは、その代表的なものを一覧表にまとめたもの。そして、12星座それぞれの性質は、表に書かれた「陰陽（二元性）」「活動性（三要素）」「エレメント（四大元素）」「支配星（12星座をそれぞれ支配している惑星）」の性質を組み合わせることで、導き出すことができます。まずはこれらの性質の違いについて、詳しく見ていきましょう。支配星についてはSTEP 3で解説します。

12星座の性質について

星座番号	星座	記号	陰陽	活動性	エレメント	支配惑星
1	牡羊座	♈	陽	活動	火	火星
2	牡牛座	♉	陰	固着	地	金星
3	双子座	♊	陽	変通	風	水星
4	蟹座	♋	陰	活動	水	月
5	獅子座	♌	陽	固着	火	太陽
6	乙女座	♍	陰	変通	地	水星
7	天秤座	♎	陽	活動	風	金星
8	蠍座	♏	陰	固着	水	火星
9	射手座	♐	陽	変通	火	木星
10	山羊座	♑	陰	活動	地	土星
11	水瓶座	♒	陽	固着	風	土星
12	魚座	♓	陰	変通	水	木星

次ページから「陰陽」「活動性」「エレメント」の性質の違いを解説するよ。それをもとに12星座の特徴をイメージしていこう。支配星については66ページを参照してね。

星座の陰陽（二元性）

魚座 陰	牡羊座 陽	牡牛座 陰	双子座 陽
水瓶座 陽			蟹座 陰
山羊座 陰			獅子座 陽
射手座 陽	蠍座 陰	天秤座 陽	乙女座 陰

陽の性質	陰の性質
男性的	女性的
活動的	受動的
積極的	消極的
外向的	内向的
表現する	受け入れる
論理的	直感的
指導的	従順
自己表現	内省的
優勢	抑圧的

12星座は上図の通り、「陰」「陽」の2つの性質に分類されます。陽は外側に向かうエネルギー、陰は内側に向かうエネルギーです。それぞれ右の表のような性質があります。昼と夜、光と影というように、2つの性質は相対的で、どちらか一方だけでは存在できない関係性です。

星座の活動性（三要素）

魚座 変通	牡羊座 活動	牡牛座 固着	双子座 変通
水瓶座 固着			蟹座 活動
山羊座 活動			獅子座 固着
射手座 変通	蠍座 固着	天秤座 活動	乙女座 変通

「活動」「固着」「変通」の3つの活動性も、左図のように12星座ごとに分類されます。この3つの活動性は「ホップ・ステップ・ジャンプ」という3段階の周期的な成長プロセスを表します。そして、次ページの表のように、どの活動性が発揮されるかによってモチベーションに差が生まれます。

活 動

物事のはじまりの段階。外側に向けてエネルギーを発生させます。この影響が強い活動タイプの人は、物事をスタートさせて最初のアクションを起こすのが得意な人。季節に例えるなら、初春、初夏、初秋、初冬の時期。この季節にある牡羊座、蟹座、天秤座、山羊座を「活動星座」といいます。

固 着

物事が落ち着き、安定化していく段階。エネルギーを内側に集中させて、物事の特徴を具現化していきます。固着タイプの人は、物事を受け継いで、着実に発展させるのが得意な人。猛暑が続く真夏、寒さが続く真冬のように、その季節の真っ盛りにある牡牛座、獅子座、蠍座、水瓶座を「固着星座」といいます。

変 通

物事を次のステップに向けて適応させる段階。エネルギーはらせん状に再び拡大し、分散しはじめます。変通タイプの人は、物事を展開させて次のステップへつなげていくのが得意な人。春から夏へ、夏から秋へ、秋から冬へ、冬から春へと季節が移り変わる時期にある双子座、乙女座、射手座、魚座を「変通星座」といいます。

活動性	キーワード
活動 （西洋占星術 での活動）	活動的、行動力、決断力がある、環境の変化に適合、進取の気性に富む、改革と変化を好む、自己顕示欲、目的意識が強い、野心的、旅行好き、冷酷、我慢できない
固着 （西洋占星術 での不動）	一貫性、安定、根気、不動の決断力、内省的、強い意志、慎重、持続性、集中する、落ち着き、頑固、柔軟性がない、変化に抵抗、惰性的、物事に執着する、反抗的
変通 （西洋占星術 での柔軟）	柔軟性がある、順応する、環境に適応、融通がきく、受動的、調整できる、多芸多才である、気まぐれ、優柔不断、焦点が定まらない、心配性、混乱しがち、持続性がない、神経質

星座のエレメント（四大元素）

魚座 水	牡羊座 火	牡牛座 地	双子座 風
水瓶座 風			蟹座 水
山羊座 地			獅子座 火
射手座 火	蠍座 水	天秤座 風	乙女座 地

エレメントは左図のように分類されます。性格の土台となる人の性質を表し、人生の取り組み方を示しています。惑星が集中している星座があれば、そのエレメントが強調されることになります。

火の星座

情熱と創造のエネルギー源

ダイナミックな生命力に対応し、動きのエネルギーを与えます。火が強い人は、新しいものを生み出す創造力にあふれ、情熱とビジョンを持って人生に取り組むため、周囲に刺激を与える存在になります。強すぎると攻撃的で熱狂的になり、怖いもの知らずな性格になってしまいます。火が弱いと熱心さに欠け、どこか人生に投げやりで、無気力な精神状態になりやすい傾向があります。

風の星座

コミュニケーションと知性

物事を論理的に考えて判断する知性に対応し、呼吸（循環）のエネルギーを表します。風が強い人は、自分の考えをSNSでシェアするなど自己表現の能力に恵まれます。社交的で知的なつながりを求める一方、風が強すぎると気が散り、ひとつのことに集中して取り組むことが困難に。弱いと人生の目標がわからなかったり、学習能力やコミュニケーションの未熟さが出たりします。

地の星座

夢を形にまとめていくパワー

五感で感じられる物質世界に対応し、形にまとめるエネルギーを表します。地が強い人は、生まれつき常識的なセンスがあり、五感を満たすために物質的な豊かさを求めます。また、建設的にことを運び、夢を実現させる能力に長けています。強すぎると慎重になり、変化や冒険を恐れるあまり保守的になります。反面、地が弱いと責任感に欠け、「地に足がつかない人」になってしまいます。

水の星座

柔軟で、感じやすく、直感的

心で感じること、共感する力、無意識のエネルギーを表します。水が強い人は、人への感情移入や同情、直感的な気づきを通して自分を表現します。物事への取り組み方はより静かで、想像力もあります。水が強すぎると、感情の起伏がジェットコースター並みに激しくなるため、意識してコントロールしていくことが大切。一方、水が弱いと、非同情的で感情表現が乏しくなります。

エレメントの性質と相関図

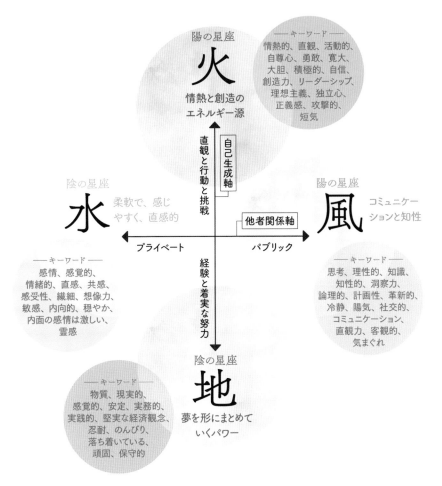

陽の星座
火
情熱と創造の
エネルギー源

―― キーワード ――
情熱的、直観、活動的、
自尊心、勇敢、寛大、
大胆、積極的、自信、
創造力、リーダーシップ、
理想主義、独立心、
正義感、攻撃的、
短気

自己生成軸

直観と行動と挑戦

他者関係軸

陰の星座
水
柔軟で、感じ
やすく、直感的

陽の星座
風
コミュニケー
ションと知性

プライベート

パブリック

経験と着実な努力

―― キーワード ――
感情、感覚的、
情緒的、直感、共感、
感受性、繊細、想像力、
敏感、内向的、穏やか、
内面の感情は激しい、
霊感

―― キーワード ――
思考、理性的、知識、
知性的、洞察力、
論理的、計画性、革新的、
冷静、陽気、社交的、
コミュニケーション、
直観力、客観的、
気まぐれ

陰の星座
地
夢を形にまとめて
いくパワー

―― キーワード ――
物質、現実的、
感覚的、安定、実務的、
実践的、堅実な経済観念、
忍耐、のんびり、
落ち着いている、
頑固、保守的

ホロスコープで惑星が位置する星座の陰陽とエレメントを見れば、その人の全体像がわかります。例えば、水や地など陰の星座に惑星が集中していれば、内向的で受け身の性質を発揮できる人。さらに地の星座に偏っていれば、現実的で安定を求めるタイプです。また、同じエレメントの星座同士は相性がよく、共感・共鳴しやすい間柄といえます。

ホロスコープを作成してみよう

無料のホロスコープ作成サイトを利用して
あなたのホロスコープをつくってみよう

　インド占星術のホロスコープは「生年月日」「出生時刻」「出生地」の３つの情報がわかれば、フリーソフトやホロスコープ作成サイトで作ることができます。WEBサイト「インド占星術研究プロジェクト」や「Jyotish-ONE（ジョーティシュ　ワン）」などは日本語表示でわかりやすくおすすめです。

　１点気をつけたいのは、夏時間（サマータイム）が導入されている国や地域で生まれた人の出生時刻です。夏時間の期間中に生まれた人の場合、冬時間との時差をマイナスした時刻を入力する必要があります。例えば、１時間早まっている夏時間で午前９時59分生まれの場合、午前８時59分で入力します。ちなみに日本でも1948〜51年の間は夏時間が実施されていました。

ホロスコープのつくり方

1 生まれた日の情報を用意

「生年月日」「出生時刻」「出生地（緯度・経度）」の3つの情報を集めます。アセンダントの位置を決める出生時刻は重要なので、母子手帳で正確な時刻を確認しましょう。

2 無料作成ツールを使う

「インド占星術研究プロジェクト」（https://www.ayurvedalife.jp/indian_jyotish/）や「Jyotish-ONE」（https://jyotish-one.com/input.php）のサイトにアクセスします。また、スマートフォンのアプリ「JyotishApp」「Jyotish Dashboard」などでもホロスコープを作成できます（どちらも英語表記のみ）。

3 出生情報を入力する

どのサイトでも基本的に、名前、生年月日、出生時間、出生地のデータを入力します。ただし、出生時刻がわからない場合は、12時00分00秒（正午）で仮入力します。また、サイトによっては出生地の緯度経度を自分で調べる必要があります（東西占星術研究所の「緯度経度検索サービス」などがおすすめです）。

WEBサイト「インド占星術研究プロジェクト」では、「出生地」をプルダウンから選ぶだけで緯度経度が検出されます。すべて入力し終えたら、「チャートを表示」をクリックします。

4 ホロスコープを表示させる

必要なデータを入力し終わったら、「チャートを表示」などというボタンをクリック。
すると、あなたのホロスコープが表示されます。必要に応じてページを印刷する
などして保存しておきましょう。

ラーシ・チャート（出生図）

● ホロスコープに表示される惑星は
略英字や惑星記号で表されます。

アセンダント

惑星	サイン・緯度
ASC ASC	♍ 獅子座 28.54 29
☉ 太陽	♓ 双子座 12.55 37
☽ 月	♐ 射手座 09.05 26
☿ 水星	♋ 蟹座 01.31 44
♀ 金星 R	♉ 牡牛座 24.01 06
♂ 火星	♍ 獅子座 29.32 53
♃ 木星	♍ 獅子座 12.00 10
♄ 土星	♍ 獅子座 27.43 27
☊ ラーフ	♋ 蟹座 28.49 53
☋ ケートゥ	♑ 山羊座 28.49 53

ここが度数

● 度数はホロスコープ上に表示され
る場合や別枠で表示されるなどサイ
トによります。WEB サイト「イン
ド占星術研究プロジェクト」ではホ
ロスコープ画面の下に「緯度」とし
て表示されています。

5 ヴィムショタリ・ダシャーもチェック

インド占星術では未来を予測する「ヴィムショタリ・ダシャー」という技法があり
ます（PART 3で解説）。これに使う「ダシャー」というデータも、ホロスコープ作
成時に表示されますので、確認しておきましょう。

● 「インド占星術研究プロジェクト」であれば、ホロスコープ表示ページを下にスクロール
すると「ヴィムショタリ・ダシャー」という名前で、「Jyotish-ONE」であれば、「ヴィムショッ
タリダシャー」というページから表示されます。

ホロスコープの読み方

惑星記号で出るので日本語に書き換えておくとわかりやすい! また、この本では度数表示を省略するよ。

太陽は双子座に在住
太陽が双子座に位置することを「在住する」という。

魚座	牡羊座	牡牛座	双子座
		金星（VeR）	太陽（Su）

水瓶座

| | 惑星記号の最後に「R」がつくものは、逆行を意味する（惑星が見た目に逆方向に動いていることを示す）。 | | 水星（Me）
ラーフ
（Ra） |

蟹座

獅子座

| 山羊座 | ケートゥ（Ke） | | 火星（Ma）
木星（Ju）
アセンダント（As）
土星（Sa） |

| | 月（Mo） | | |

| 射手座 | 蠍座 | 天秤座 | 乙女座 |

惑星の入っていない星座もある。

アセンダントは獅子座に在住＝第1ハウス
アセンダントを起点にハウス（室）が決まる。
詳しくは次ページで解説。

表記	Asまたは ASC	Su	Mo	Me	Ve	Ma	Ju	Sa	Ra	Ke
名称	アセンダント	太陽	月	水星	金星	火星	木星	土星	ラーフ	ケートゥ
記号	なし	☉	☾	☿	♀	♂	♃	♄	☊	☋

インド占星術の 12ハウス

人間関係、事故・病気、人生イベントなど
生まれてから死ぬまでの段階を表すハウス

　インド占星術には、星座とは別に「ハウス」という概念があります。部屋番号のようなもので、アセンダントの在住する星座を第1室（室はハウスと同じ意味）とし、そこから時計回りに数えて、12星座それぞれに12ハウスを対応させます。

　詳しくは［STEP 5］で解説しますが、星座が人の思考や行動パターンを担当するのに対し、ハウスは人間関係、事故・病気、結婚や就職を含む人生イベントなど、人が生まれてから死ぬまでに経験するテーマを担当します。そのため、ハウスを読み解けば人生の課題やテーマを知ることができるのです。一方で、惑星も様々な象意（星座・惑星の持つ意味）を持っていて、ハウスと重複する象意も多々あります。人生のテーマを読み解く際、インド占星術では、惑星よりもハウスを重要視します。

ハウスが決まるルール

	魚座	牡羊座	牡牛座	双子座
水瓶座	第6室	第7室	第8室	第9室
	第5室			第10室
山羊座	第4室			第11室
	第3室	第2室	第1室 (As)	第12室
	射手座	蠍座	天秤座	乙女座

(図中右側に 蟹座、獅子座 の表記あり)

第1ハウス（室）は、アセンダントが在住する星座で決まります。上のチャートでは
アセンダントのある天秤座が第1室。ここを起点に時計回りで、蠍座が2室、射手
座が3室となり、乙女座が12室となります。

ハウスと人物

	第1室	第3室	第4室	第5室	第7室	第9室	第11室
わかる こと	自分自身	弟妹 近所の人	母親	子ども	配偶者 ビジネス パートナー	父親	兄姉 友人 支援者

ハウスには人物の象意も設定されています。ここで取り上げる象意以外に、「第2室
は家族（両親や兄弟姉妹）を表す」という説や、「9室は父親自身の性質を表し、
10室は仕事上の社会的な父親を表す」とする説もあります。

アセンダント、月、太陽について

個人の性格・性質を決定づける3要素
それぞれの星座から特徴を見る

　インド占星術には、ホロスコープを読み解く手順があります。まずは性格や性質に大きな影響を与えるアセンダント、月、太陽から、その特徴をつかんでいきます。

　アセンダントとは、その人が生まれた瞬間、生まれた場所から東の地平線上に見える星座（上昇宮）とその度数（上昇点）を示すもの。インドの言葉で「ラグナ」といい、ラグナのある星座から、容姿や表面的な性格、第一印象の特徴がわかります。

　月の星座は心や感情の象徴で、日常的なふるまいや生活スタイル、どのような子ども時代を送ったかという環境の特徴が表れます。太陽は自分を強く主張したいという欲求の表れで、社会性や仕事を示します。太陽の星座から社会に出たときの振る舞い、行動パターンがわかります。

アセンダント、月、太陽が示すもの

アセンダント (As)	月 (Mo)	太陽 (Su)
• 肉体	• 心	• 魂
• 外面的イメージ	• 感情	• 社会性
• 表面的な性質	• 情緒	• 仕事
〈第一印象の私〉	〈親しい人に見せる私〉	〈学校や職場での私〉

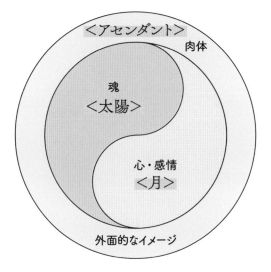

太陽は社会や他人などに対して自己表現するという意味で魂や社会性を表し、月は他人というよりも自分にとって気持ちよいと思うことを指すという意味で心・感情を表すよ。

アセンダント、月、太陽を読み解く

３つの天体の位置関係によって性質の表れ方が変わる？

　前のページでアセンダント、月、太陽の３つから、それぞれ性格の特徴を見ていきました。次は、この３つの星の位置関係から総合的に読み解くポイントを取り上げます。

　例えば、アセンダント、月、太陽が牡羊座に集中しているなら、シーンを問わず牡羊座の性質が強く現れます。人生を切り開いていく牡羊座の才能に恵まれますが、考え方も自己主張の強いものになりがち。月と太陽が正反対の星座に在住していれば、普段の生活でも正反対の性質が見られます。例えば、月が蟹座、太陽が山羊座なら、プライベートは気分屋でロマンティック、仕事では責任感が強く生真面目な感じに。３つとも別々の星座に分散していると、様々な価値観を持つ反面、異なる性質が同居する葛藤が生まれることもあります。

スティーブ・ジョブズ（アップル共同創業者）の ホロスコープ

アセンダント、月、太陽に注目して読み解くと、こんな感じだよ。

月をチェック

月は魚座に在住し、革新的思想の根底に「この世界を よくしたい」「人々の人生を豊かにしたい」という純粋 な思いがあったことがわかります。

	魚座	牡羊座	牡牛座	双子座	
	月(Mo)	火星(Ma)		ケートゥ(Ke) 木星(JuR)	
水瓶座	太陽(Su)			天王星(UrR)	蟹座
山羊座	水星(MeR)			冥王星(PlR) アセンダント (As)	獅子座
	金星(Ve) ラーフ(Ra)		海王星(NeR) 土星(Sa)		
	射手座	蠍座	天秤座	乙女座	

太陽をチェック

社会性を示す太陽は、アセンダントと正 反対の水瓶座に在住。仕事では自由な立 場で才能を発揮できる職場を求める傾向 に。水瓶座は科学や最先端の技術を表し、 iPhone などつねに新しい製品を世に送り 出す才能も水瓶座の性質によるものです。

アセンダントをチェック

獅子座は創造性に優れ、面倒見 のよいリーダーという印象を周囲 に与えます。

著名人の
リーディング実例

[STEP 1] [STEP 2] の内容（36 ～ 57 ページ）をふまえて、
著名人のホロスコープをもとに、
リーディングの基礎を学んでいきましょう。

調和と平和でインドの独立を導く
マハトマ・ガンジー

	魚座	牡羊座	牡牛座	双子座	
	海王星 （NeR）	冥王星 （PlR） 木星（JuR）		天王星 （Ur）	
水瓶座				ラーフ（Ra） 月（Mo）	蟹座
山羊座	ケートゥ （Ke）				獅子座
		土星（Sa）	アセンダント （As） 水星（Me） 金星（Ve） 火星（Ma）	太陽 （Su）	
	射手座	蠍座	天秤座	乙女座	

非暴力による抵抗運動という彼の主張に、月のある蟹座がもたらす母性的な優しさと、太陽のある乙女座の潔癖性が感じられます。

アセンダントのある天秤座はコミュニケーションの星座。天秤座は人との調和を大切にし、平和を愛する星座。この天秤座にその他の星も集中し、調和と平和を強く求めていることを表しています。

ハリウッド黄金時代を飾った女優
オードリー・ヘップバーン

チャレンジ精神旺盛な牡羊座に太陽が在住。女優として、ユニセフ親善大使として、生涯に渡りたくさんの挑戦をしてきたところに現れています。牡羊座の影響を受けた太陽から、強さや堂々とした威厳を受け取ったようです。また、彼女の名言「不可能なことなどないわ。「Impossible（不可能）」という単語自体に、I'm possible（私にはできる）と書いてあるのだから」にも、それがよく表れています。

魚座	牡羊座	牡牛座	双子座
金星（VeR）天王星（Ur）	太陽（Su）木星（Ju）ラーフ（Ra）	水星（Me）	冥王星（Pl）
月（Mo）アセンダント（As）			火星（Ma）
（水瓶座 / 山羊座）			海王星（NeR）（獅子座 / 蟹座）
土星（SaR）	ケートゥ（Ke）		
射手座	蠍座	天秤座	乙女座

アセンダント、月のある水瓶座は自由・平等・博愛の精神を持った星座。彼女は、後半生、女優業よりもユニセフ親善大使として活動し、飢餓と紛争で苦しむ子どもたちのために生涯を捧げました。牡羊座に在住する太陽は勇敢で旅好き。そのため、ソマリアのように情勢不安定な国へ行くこともいとわなかったのでしょう。

星座が持つ意味は巻末資料（176 ページ）を参考に。

WORK 1

自分のホロスコープを
読み解いてみよう

1 下記のワークシートに自分のホロスコープの惑星を書き込んでみましょう。

※カッコ内の惑星は支配星（66 ページ参照）です。

	（木星）魚座	（火星）牡羊座	（金星）牡牛座	（水星）双子座
	陰　変通　水	陽　活動　火	陰　固着　地	陽　変通　風
（土星）水瓶座	陽　固着　風			陰　活動　水　（月）蟹座
（土星）山羊座	陰　活動　地			陽　固着　火　（太陽）獅子座
	陽　変通　火	陰　固着　水	陽　活動　風	陰　変通　地
	射手座（木星）	蠍座（火星）	天秤座（金星）	乙女座（水星）

表記	As	Su	Mo	Me	Ve	Ma	Ju	Sa	Ra	Ke
名称	アセンダント	太陽	月	水星	金星	火星	木星	土星	ラーフ	ケートゥ

o6o

2 アセンダント、太陽、月は どの星座に在住していますか?

例1) スティーブ・ジョブズさんのホロスコープ (57 ページ) の場合は……

	アセンダント（As）	太陽（Su）	月（Mo）
星座	獅子座	水瓶座	魚座
陰陽	陽	陽	陰
エレメント	火	風	水
活動星	固着	固着	変通

例2) スティーブ・ジョブズさんのアセンダントを読み解くと……

アセンダントは

(獅子) 座 に在住 ▶ 177 ページの獅子座の「性質・能力」から当てはまると思う象意を5つ書き出す。 ▶▶ 基本的には情熱的で、夢を追い、哲学的で、創造力のある、リーダーの性質や能力を持っている。

陰陽の性質は

(陽) ▶ 44 ページの表を見ながら性質を書き出す。 ▶▶ 基本的には積極的で活動的、外向的で自己表現する傾向がある。

活動性は

(固着) ▶ 45 ページの表を見ながら性質を書き出す。 ▶▶ 基本的には一貫性と持続性があり、根気があり、集中する傾向がある。

エレメントは

(火) ▶ 47 ページの「キーワード」から性質を書き出す。 ▶▶ 基本的には大胆で積極的、情熱的で自信家、理想主義的な傾向がある。

スティーブ・ジョブズさんは、表向きに表れてくるアセンダントと太陽は陽の星座にあり、積極的で強い性質。しかし、月は魚座で陰の性質なので、魚座の繊細さと感受性の高い性質を持っているよ。純粋で傷つきやすい人なのかも。では、次はあなた自身だよ。

3 あなたのホロスコープ（60ページ）をもとに、下の
表をまとめてみましょう。

	アセンダント（As）	太陽（Su）	月（Mo）
星座	座	座	座
陰陽			
エレメント			
活動性			

どの性質の星座が強いですか。
持っていない星座の性質は何でしょうか？

2つ以上ある「星座」「陰陽」「活動性」
「エレメント」を書き出しましょう。

星座	陰陽

活動性	エレメント

▼
2つ以上ある性質は強い性質で、
あなたの才能であり、強みになります。

持っていない「陰陽」「活動性」「エ
レメント」を書き出しましょう。

陰陽	

活動性	エレメント

▼
ない要素は他人の助けを借りる、もしく
は意識的に補う必要があります。

アセンダントから、基本的な性質や能力を見る

アセンダントのある星座はあなたを象徴するもの。容姿、表面的な性格、健康状態、外面的なイメージを表すよ。

アセンダントは

（　　　　　　）座
に在住する

▶ 176〜179ページの該当星座の「性質・能力」から当てはまると思う象意を5つ書き出す

▶▶ 基本的には
＿＿＿＿＿＿＿＿＿＿＿
＿＿＿＿＿＿＿＿＿＿＿
＿＿＿＿＿＿＿＿＿＿＿
＿＿＿＿＿＿＿＿＿＿＿
性質や能力を持っている

陰陽の性質は

（　　　　　　）

▶ 44ページの表を見ながら性質を書き出す

▶▶ 基本的には
＿＿＿＿＿＿＿＿＿＿＿
＿＿＿＿＿＿＿＿＿＿＿
＿＿＿＿＿＿＿＿＿＿＿
＿＿＿＿＿＿＿＿＿＿＿
傾向がある

活動性は

（　　　　　　）

▶ 45ページの表を見ながら性質を書き出す

▶▶ 基本的には
＿＿＿＿＿＿＿＿＿＿＿
＿＿＿＿＿＿＿＿＿＿＿
＿＿＿＿＿＿＿＿＿＿＿
＿＿＿＿＿＿＿＿＿＿＿
傾向がある

エレメントは

（　　　　　　）

▶ 47ページの「キーワード」から性質を書き出す

▶▶ 基本的には
＿＿＿＿＿＿＿＿＿＿＿
＿＿＿＿＿＿＿＿＿＿＿
＿＿＿＿＿＿＿＿＿＿＿
＿＿＿＿＿＿＿＿＿＿＿
傾向がある

太陽から、魂の性質と社会性を見る

太陽は魂や社会性を意味するよ。社会に出たときや職場での振る舞い、理想的なイメージを書き出してみよう。

太陽は

［　　　　　　］座
に在住する

▶ 176〜179ページの該当星座の「性質・能力」から当てはまると思う象意を5つ書き出す ▶▶

あなたの魂は

　　　　　　　　　の性質を持っている

陰陽の性質は

［　　　　　　］

▶ 44ページの表を見ながら性質を書き出す ▶▶

あなたの魂は

　　　　　　　　　　　傾向がある

活動性は

［　　　　　　］

▶ 45ページの表を見ながら性質を書き出す ▶▶

あなたの魂は

　　　　　　　　　　　傾向がある

エレメントは

［　　　　　　］

▶ 47ページの「キーワード」から性質を書き出す ▶▶

あなたの魂は

　　　　　　　　　　　傾向がある

太陽の星座の性質は、あなたが社会の中で魂が成長していきたい方向性も表しています。

月から、心と感情の性質を見る

> 月は心や感情を示すよ。あなたの無意識の習慣や姿勢、幼年期の影響を見ることができるんだ。

月は
（　　　　）座
に在住する
▶ 176～179ページの該当星座の「性質・能力」から当てはまると思う象意を5つ書き出す
▶▶
あなたの心は
....
....
....
....
の性質を持っている

陰陽の性質は
（　　　　）
▶ 44ページの表を見ながら性質を書き出す
▶▶
あなたの心は
....
....
....
....
傾向がある

活動性は
（　　　　）
▶ 45ページの表を見ながら性質を書き出す
▶▶
あなたの心は
....
....
....
....
傾向がある

エレメントは
（　　　　）
▶ 47ページの「キーワード」から性質を書き出す
▶▶
あなたの心は
....
....
....
....
傾向がある

在住する惑星と支配する惑星

レッスン動画

惑星は在住するだけでなく 12星座を支配するもの

　インド占星術で使う9惑星のうち、ラーフとケートゥ以外の惑星には「支配する」星座があります（右ページの図を参照）。惑星は「在住」だけではなく、「支配」もするのです。この概念がインド占星術を理解する上で、とても重要となります。例えば、あなたのホロスコープで、月が射手座にあるならば、惑星と星座の関係を「月は木星が支配する射手座に在住する」と表現します。

　なかなかイメージしにくいかもしれませんが、支配星にとって、支配する星座は「家」ととらえてみるといいでしょう。つまり、射手座は木星の「家」なのです。そのため、あなたのホロスコープ上で、月が射手座に在住していれば、射手座を「家」とする支配星の木星の影響も受けるということです。

12 星座それぞれの支配星

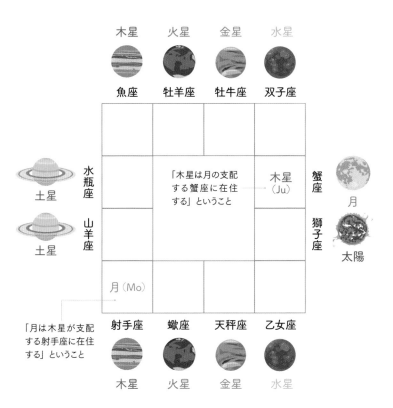

木星　火星　金星　水星

魚座　牡羊座　牡牛座　双子座

水瓶座 土星		「木星は月の支配する蟹座に在住する」ということ	木星（Ju）
山羊座 土星			
	月（Mo）		

蟹座　月

獅子座　太陽

「月は木星が支配する射手座に在住する」ということ

射手座　蠍座　天秤座　乙女座

木星　火星　金星　水星

星座の支配星は上下対称になっており、太陽・月から近い順に、水星、金星、火星、木星、土星の順にならびます。

もし月が射手座に在住していれば、月の表す心や感情が、射手座の性質だけでなく木星の影響を受けるよ。木星の性質である陽気さ、楽天さ、誠実さを持つんだ。

惑星に込められた象意とは

宇宙の事象は9つの惑星にシンボル化され、分類される

　性別や人間関係、性質など、現実に起こる出来事やこの世にあるものごとは、右の表にある通り、9惑星のいずれかに象徴されています。占星術における惑星とは、宇宙という世界をシンボリックに表した言語なのです。

　惑星の象意を理解することは、ものごとの本質をとらえることにつながります。そして、本質をとらえられるようになると、この世界全体の仕組みが見えてきます。惑星に込められたスピリチュアルな側面に通じることもまた、占星術を理解する上では大切な土台となるので、少しずつ慣れ親しんでいきましょう。智慧、真理、直感、解脱など、精神世界にまつわる惑星の具体的な象意については、巻末資料の象意一覧（180 ～ 183 ページ）で確認してください。

惑星の基本的な象意表

	人間関係	社会的地位	象徴される人物	性別	エレメント	性質	神々
太陽 ☉	父親 夫	王	王 経営者 権力者	男	火	サットヴァ	シヴァ
月 ☽	母親 妻	王族	女性	女	水	サットヴァ	パールヴァティー
火星 ♂	弟妹	司令官	戦士 男性 指揮官	男	火	タマス	ガナパティ
水星 ☿	親戚	王位継承者	少年少女 若い人	中性	風	ラジャス	ヴィシュヌ
木星 ♃	子ども 師匠	大臣	賢者 宗教家	男	空	サットヴァ	シヴァ
金星 ♀	配偶者 恋人	大臣	女性 配偶者	女	水	ラジャス	ラクシュミー
土星 ♄	部下 労働者	召使	大衆 権力者	中性	地と風	タマス	ヤマ
ラーフ ☊	父方の祖父		外国人 異文化の人	―		タマス	
ケートゥ ☋	母方の祖父			―		サットヴァ	

性別の「中性」のニュアンスとしては、水星は少年、王子様なので性的に未熟で、土星は老人なので性的に衰えているという意味。水星と土星は正反対の意味で中性に分類されるんだ。

性質のサットヴァは純粋で高貴な性質、ラジャスは活動的な性質、タマスは暗くいやしい性質の意味。この3つはPART 4で紹介するアーユルヴェーダで重要な概念だよ。

惑星が示す吉凶とは

レッスン動画

よい働きをする吉星、悪い働きをする凶星
「惑星の吉凶」の考え方

　惑星には吉凶があり、「生来的吉凶」と「機能的吉凶」という2つの分類があります（在住と支配どちらにも働く概念）。生来的吉凶は強弱によって5つに分類され（右ページ参照）、惑星本来の性質を表します。一方、機能的吉凶とは、ホロスコープの様々な要素を検討した上で、総合的な吉凶を見極める分類法のこと。本書では、基本となる生来的吉凶のみ取り上げますが、この生来的吉凶は総合的な吉凶にも強い影響を与えます。

　生来的吉凶の分類は西洋占星術にもありますが、それぞれの文化や宗教的な価値観の違いから、内容は少し異なります。インド占星術では、吉星4つに対して凶星5つと凶星のほうが多くなり、実際のリーディングでは他の要素を検討して総合的な吉凶を判断していきます。

9つの惑星の生来的吉凶

強い吉星	木星・金星	在住するハウス、同室する惑星、アスペクト（STEP 4／96ページ～で解説）などで影響を与える惑星や星座、ハウスを保護し、幸運をもたらす。生来的吉星は複数の凶星によって強く傷つけられていない※1限り、吉星としてよい働きをする。
弱い吉星	月	太陽との位置関係により異なる※2。明るい月、満ちていく月、満月は生来的吉星としての性質が強くなる。光の弱い月、欠けゆく月、新月、凶星に傷つけられているときは、凶星的な性質が強くなる。
弱い吉星	水星	どの惑星の影響を受けるかで吉凶が変化。生来的吉星の影響なら吉星として機能するが、土星や火星などの影響を受ける場合、吉星としての働きを失う。
弱い凶星	太陽	太陽にとって居心地のよい星座※3である、牡羊座、蠍座、射手座、魚座に在住するときは、凶星としての働きは弱くなる。
凶星	ラーフ・ケートゥ	生来的凶星であるが、次の条件によって吉に作用することがある。 ・生来的吉星（月、水星、金星、木星）が支配する星座にいるとき。特に水星と木星が支配する星座でいい働きをする。 ・在住する星座の支配星がトリコーナハウスなど吉ハウス（110ページで解説）に在住している。 ・吉星と同じハウスに在住、もしくはアスペクトを受けている。特に木星とのコンビネーションでいい働きをする。
強い凶星	火星・土星	どちらも強い生来的凶星で、人生に試練や困難をもたらす。土星は不安や恐怖心、火星は怒りや闘争心で私たちの心を支配しようとし、それに負けると、病気や人間関係のトラブル、不道徳な行いとなって表れる。その困難を乗り越え、不安や怒りなどの感情を手放すことで、精神的な成長を促す。

※1 「惑星が傷ついている」とは、凶星とのアスペクトやコンジャンクションがあるとき（詳細は96ページ参照）。

※2 ホロスコープ上で太陽と月が正反対の星座にいるときは満月で、太陽と月が同じ星座にいるときは新月。

※3 人が能力を発揮しやすい環境があるように、惑星も置かれた状況によって吉凶にゆらぎが生まれる（詳細は73ページ参照）。

惑星の吉凶を超えたところにある "スピリチュアルな意味"

「魂の成長のために輪廻転生を繰り返す」——ヴェーダ思想では、惑星の吉凶（善悪）ではなく、惑星それぞれに役割があるということが大切だと考えます。

例えば、凶星は人生に困難や試練をもたらしますが、これらは「悪いこと」ではなく、魂の成長に「必要なこと」として起こります。土星は忍耐強さや自制心、責任感を養い、火星はチャレンジ精神と集中力を養う役割があるからです。

一方、吉星である木星や金星も間違った使い方をすれば、怠惰な傾向が出てしまいます。なぜなら、木星や金星がよい状態にある人は、その幸運に甘んじることなく感謝し、使命や役割を見つけ、精神的に成長するためにチャレンジしていく勇気が求められるからです。木星は智慧や道徳性を、金星には愛と調和の心を養う役割があります。

「スピリチュアルな意味」からホロスコープを読み解く際は、惑星の吉凶にとらわれないことが大切。その出来事にどんな意味があって、どんな気づきを促すか、なぜ起こるのかという広い視野と柔軟な解釈が求められるよ。そのような理解を深めていく過程で、精神的に成長していけるんだ。

惑星が持つ強さとは

レッスン動画

場所によって居心地のよさが変わる
惑星と12星座の相性はとても重要！

　前述したようにインド占星術では、惑星がその星座にあることを「在住する」といいます。そして、惑星は在住する星座によって強さ、居心地のよさが決まります。惑星は「高揚」の星座にいるときが最も強く、次に「ムーラトリコーナ」、「本来の星座（支配する星座のこと）」の順に強く、「減衰の星座」にいるときが最も弱くなります（なお、本書では「本来」と「減衰」の間にある「友好星座」「中立星座」「敵対星座」は扱いません）。
　惑星が減衰するのは、高揚する星座から数えて7番目の星座（180度反対側）に在住するとき。高揚、減衰、ムーラトリコーナは、その度数まで考慮します。例えば、高揚の場合、高揚する度数に近ければ近いほど惑星は強くなり、高揚点を過ぎると、惑星の強さは徐々に弱まっていきます。

惑星の強さと弱さ

	品位	運気	惑星の性質や能力
強い ↕ 弱い	高揚の星座	とても幸運	最大限に発揮できる
	ムーラトリコーナ	幸運	よりよく表現できる
	本来の星座（定座）	よい	安定して表現できる
	減衰の星座	障害、困難	本来の力を発揮できないが、在住する星座の特性を使うことができる

高揚の星座と度数

各惑星が右図の星座に在住するとき、その惑星は「高揚している」と表現（厳密には表記の度数内にいる場合）。一般的に「高揚の星座」に在住している惑星は、度数を外していても強いと考えます。生来的凶星はよい面だけでなく、凶星としての力も強くなり、慎重な読み解きが必要です。

魚座	牡羊座	牡牛座	双子座
金星 0-27	太陽 0-10	月 0-3 ラーフ	（蟹座）→
（水瓶座）			木星 0-5
（山羊座）火星 0-28			（獅子座）
（射手座）	ケートゥ	土星 0-20	水星 0-15
	蠍座	天秤座	乙女座

減衰の星座と度数

惑星が最も弱くなるのは、右図の通りに高揚の星座の度数域の180度反対側。「減衰の星座」に在住すると惑星は本来の力を最も発揮できなくなります（度数を過ぎれば弱さも緩和）。減衰＝悪いと考えがちですが、ポジティブな面もあります（次ページ参考）。

「0～5」は度数が0～5度のこと。

魚座	牡羊座	牡牛座	双子座
水星 0-15	土星 0-20	ケートゥ	（蟹座）
（水瓶座）			火星 0-28
（山羊座）木星 0-5			（獅子座）
（射手座）	月 0-3 ラーフ	太陽 0-10	金星 0-27
	蠍座	天秤座	乙女座

ムーラトリコーナ

惑星にとって高揚の次に強くなり、居心地のいい位置は、ムーラトリコーナの星座です。右図のように、月以外の惑星については、支配星座の一部がムーラトリコーナの星座になります。

	魚座	牡羊座	牡牛座	双子座	
		火星 0-12	月 3-27		
水瓶座	土星 0-20				蟹座
山羊座			太陽 0-20		獅子座
	木星 0-10		金星 0-15	水星 15-20	
	射手座	蠍座	天秤座	乙女座	

本来の星座と度数

その惑星が本来支配する星座の定位置に在住しているとき、惑星はよい働きをします。

	魚座	牡羊座	牡牛座	双子座	
	木星 0-30	火星 12-30	金星 0-30	水星 0-30	
水瓶座	土星 20-30			月 0-30	蟹座
山羊座	土星 0-30			太陽 20-30	獅子座
	木星 10-30	火星 0-30	金星 15-30	水星 20-30	
	射手座	蠍座	天秤座	乙女座	

Point

減衰のポジティブ面

減衰している惑星	ポジティブ面
太陽	自己主張が弱く社交的で柔軟に人と接する
月	感情に振り回されず、冷静に物事を見ることができる
水星	非論理的で直感的に真実をつかむ深遠な思考力がある
火星	自己主張が弱くなるので、謙虚で争いを好まない
金星	必要以上の贅沢をせず、質素倹約になる
木星	楽天的になりすぎることなく、現実的にものごとを考えることができる
土星	忍耐強さがなくなる反面、古いものに固執せず変化に柔軟に対応できる

9惑星の意味

太陽 ☉　希望ある未来を創造する誇り高きリーダー

支配星座	生来的吉凶	惑星テーマ
獅子座	弱い凶星	私は支配する

以下の条件をひとつでも満たす人は「太陽の性質が強い人」です

☐ アセンダントが獅子座にある

☐ 太陽が1室に在住するか1室にアスペクトする[※1]

☐ 太陽が太陽を支配星とする獅子座か、高揚の星座（牡羊座）にある

意味するもの

魂、純粋な意識、自我の象徴。太陽がどの星座にあるかで、その人の基本的なアイデンティティがわかります。太陽星座の性質は「こんな人になりたい」という自分の理想、成長の方向性を示すもの。健全な肉体と精神のバロメーターとしても機能し、太陽が傷ついていたり、弱かったりする人は活力に欠け、健康面や精神面の弱さがあります。

太陽の性質が強い人

純真な魂の持ち主で、堂々とした存在感があり、誇り高い人。希望あふれるヴィジョンを創造し、人々を導くリーダーです。公の場で自分を表現したい、自分が中心でいたいという欲求があります。政府や政治関連の仕事、経営者や管理職などの人々の幸せや社会のために尽くすリーダー、人々を楽しませる華やかな芸能活動に向いています。

※1 「アスペクト」については STEP 4（96 ページ〜）で解説します。

月 🌙 愛情あふれるお母さん

支配星座	生来的吉凶	惑星テーマ
蟹座	弱い吉星	私は感じる

以下の条件をひとつでも満たす人は「月の性質が強い人」です

☐ アセンダントが蟹座にある

☐ 月が1室に在住するか1室にアスペクトする

☐ 月が月を支配星とする蟹座か、高揚の星座（牡牛座）にある

意味するもの

感情、気分、日常的な感情のパターン。月は母親自身、月が在住する星座は幼少期の環境を表し、月によって示される性格は、幼少期に形づくられた心や感情の反応パターンや習慣ともいえます。また、月の傷つきから克服すべき感情パターンを知ることも。凶星で傷ついている人は幼年期のトラウマがあり、感情の不安定さを抱えています。

月の性質が強い人

共感力があり、繊細で感受性が高く、母性的で愛情深い。ユーモアがあり、面倒見がよく、ムードメーカー的存在。反面、好き嫌いが激しく、気まぐれで感情に振り回されやすい傾向も。その母性的な優しさから、動物や植物、子ども相手の仕事、農業や畜産、看護師、カウンセラー、整体やマッサージなどのボディワーカー、経営者、政治家が向いています。

水星 ☿ 知性の鍵を握るメッセンジャー

支配星座	生来的吉凶	惑星テーマ
双子座乙女座	弱い吉星	私は考える

以下の条件をひとつでも満たす人は「水星の性質が強い人」です

☐ アセンダントが双子座か乙女座にある
☐ 水星が1室に在住するか1室にアスペクトする
☐ 水星が水星を支配星とする双子座か、高揚の星座（乙女座）にある

意味するもの

考え、話し、学習し、判断する知的能力や欲求。水星のある星座や影響を受ける惑星の知識を得たい欲求や思考力があります。水星の状態がいいとコミュニケーション能力、学習能力、記憶力に恵まれます。例えば、金星の影響を受けると表現力が豊かで美しくなり、火星の影響では思考が論理的でスピーディになり、討論が得意に。

水星の性質が強い人

好奇心旺盛で、知識欲が強く、記憶力に優れる。コミュニケーション能力が高く、言葉巧みで、論理的に物事を考える分析力があり、経験を知識に変える方法を知っています。そのため理詰めでかたい人、感情を軽視した冷たい人と見られてしまうことも。言葉や情報を扱うマスコミ関係、作家、通訳、翻訳、営業、教育者、秘書、経理などに適性があります。

金星 ♀ 豊かさの象徴、愛と美の女神

支配星座	生来的吉凶	惑星テーマ
牡牛座 天秤座	強い吉星	私は調和する

以下の条件をひとつでも満たす人は「金星の性質が強い人」です

☐ アセンダントが牡牛座か天秤座にある

☐ 金星が1室に在住するか1室にアスペクトする

☐ 金星が金星を支配星とする牡牛座か天秤座、高揚の星座（魚座）にある

意味するもの

音楽や芸術の才能、感覚的な喜びや楽しみ、愛情表現、恋愛、結婚を表します。凶星による傷つきがあると、人間関係や恋愛関係が困難なものに。また、火の星座は情熱やロマン、地の星座は心地よさや安定、風の星座は知的な交流、水の星座は情緒的な絆というように、金星と星座の結びによって恋愛に求めるものが異なってきます。

金星の性質が強い人

愛情深く、穏やかで人当たりがよく、親しみやすく社交的。美的センスに優れ、感覚の喜びと物質的な豊かさを求めます。華がありおしゃれで魅力的です。一方、贅沢で快楽に溺れやすいところも。優れた感性を活かす芸術家、ファッション・美容・デザイン業界、華のある芸能関係、恋愛や結婚に関する仕事、人に癒しを与える仕事が向いています。

火星 ♂　情熱とチャレンジ精神に溢れる戦士

支配星座	生来的吉凶	惑星テーマ
牡羊座 蠍座	強い凶星	私は行動する

以下の条件をひとつでも満たす人は「火星の性質が強い人」です

☐ アセンダントが牡羊座か蠍座にある

☐ 火星が1室に在住するか1室にアスペクトする

☐ 火星が火星を支配星とする牡羊座か蠍座、高揚の星座（山羊座）にある

意味するもの

自分の欲求を満たし、目的を達成しようとするエネルギーを表します。エネルギッシュで集中力があり、勇気と行動力、野心にあふれていますが、短気で攻撃的、無鉄砲な面も。火星の影響のある惑星やハウスに争いや衝突、事故やケガ、病気などをもたらします。火星が弱いと臆病で、自己主張ができず、戦いを恐れる人に。

火星の性質が強い人

その情熱と挑戦心から、あらゆる分野でパイオニア的存在に。目的達成のための集中力、戦略的で論理的な思考力があります。道具や機械の扱いが得意。負けず嫌いで敵をつくりやすいため、孤独になることも。怒りの感情を手放すことが課題。スポーツ、乗り物、科学技術、ものづくり、警察、国防、救助、格闘技、医学の仕事が向いています。

木星 ♃　幸運、真理の探求、スピリチュアルな賢者

支配星座	生来的吉凶	惑星テーマ
射手座 魚座	強い吉星	私は拡大する

以下の条件をひとつでも満たす人は「木星の性質が強い人」です

☐ アセンダントが射手座か魚座にある

☐ 木星が1室に在住するか1室にアスペクトする

☐ 木星が木星を支配星とする射手座か魚座、高揚の星座（蟹座）にある

意味するもの

幸運と守護をもたらす最大の吉星で、拡大と発展、繁栄をもたらします。宇宙の法則や真理、精神的な叡智の探求、人として正しい生き方・道徳、哲学、神を求めます。木星の影響がある惑星やハウス（STEP 5参照）に幸運がもたらされ、惑星の持つ能力が高められます。火星とラーフによって傷つけられると、道徳観念に問題が出るという一面も。

木星の性質が強い人

陽気で前向きな楽天家。神を信じ、倫理観が強く、誠実で人として正しく生きることを求めます。寛容で慈悲深く、人に好かれ助けられます。哲学的な理想主義者という面も。場合によっては、幸運や人の助けに甘んじて、苦労知らずの怠け者に。精神世界、宗教、思想、哲学、講演、科学、教育、法律、金融、投資、占星術、医療の仕事が向いています。

土星 ♄　人生に試練をもたらす厳しい教師

支配星座	生来的吉凶	惑星テーマ
山羊座 水瓶座	強い凶星	私は努力する

以下の条件をひとつでも満たす人は「土星の性質が強い人」です

☐ アセンダントが山羊座か水瓶座にある

☐ 土星が1室に在住するか1室にアスペクトする

☐ 土星が土星を支配星とする山羊座か水瓶座、高揚の星座（天秤座）にある

意味するもの

秩序や規律、制限や束縛の象徴。土星が影響を与えるハウスや惑星のテーマに義務や試練を与え、それを乗り越えることで精神的な気づきと学びがあり、より大きな自由と幸せをもたらします。目を背けると悲観的で自己否定の人生に。忍耐強い努力と責任感を、魂が本当にやりたいことに傾けることで充実した人生になります。

土星の性質が強い人

とても忍耐強く、どんな困難にも諦めずに立ち向かいます。根底には不安を抱えるため、それが自信のなさにつながり、完璧主義になる人も。いい方向に作用すれば責任感が強く、物事を現実化する力に恵まれます。不安や自己否定を手放すことが課題です。根気強さが必要な職人的なものづくりの仕事、建築、農業、製造業、政治家などが向いています。

ラーフ ☊ 奇抜で型にはまらないインフルエンサー

支配星座	生来的吉凶	惑星テーマ
なし	凶星	私は欲する

以下の条件をひとつでも満たす人は「ラーフの性質が強い人」です

☐ ラーフが1室に在住する
☐ ラーフが高揚の星座（牡牛座）にある

意味するもの

現世での煩悩、快楽的な欲望、独創性の象徴。影響を与える他の惑星に創造的で、エネルギッシュ、独創性を与えると同時に、風変わりで不安定さや、混沌をもたらします。外国や異文化、非常識な発想、発明、手品、宇宙技術、オカルト、霊感などの意味も。影響を与えるハウスのテーマを中毒のように徹底的に追求します。

ラーフの性質が強い人

個性的で破天荒、欲しいものを追い求め続ける物質主義者ですが、社交的で話し好き、活発で愛嬌のある人柄でもあります。創造力豊かで発明の才があります。外国や異文化、不思議なことに興味があります。酒などの感覚的な快楽に溺れやすい一面も。外国に関わること、貿易、新技術、オカルト、娯楽産業、航空宇宙産業などの仕事に向いています。

ケートゥ ☋　純粋でスピリチュアルな修行者

支配星座	生来的吉凶	惑星テーマ
なし	凶星	私は手放す

以下の条件をひとつでも満たす人は「ケートゥの性質が強い人」です

☐ ケートゥが1室に在住する

☐ ケートゥが高揚の星座（蠍座）にある

意味するもの

煩悩を消し、解脱や悟りに向かう惑星なので、魂の浄化を求める出家修行者のような性質。直感的で深遠な思考を持ち、ひとつのことに徹底的に集中します。繊細で敏感、超自然的な力、霊感があり、霊媒体質という面も。影響を与える惑星やハウスのテーマを損ないますが、それが現世への執着を断ち切ることにつながります。

ケートゥの性質が強い人

純粋で自己犠牲的、自己否定感が強いです。無口で引きこもりがち、内向的ですが、深遠な考えと鋭い洞察力を持ち、オカルトや神秘的なものに強い関心があります。マニアックに探求することが得意です。自己否定感を手放すことが課題。IT、技術、医療、瞑想、ヨガ、仏教、東洋哲学、占星術、スピリチュアル、考古学、出家修行などに向いています。

WORK 2

惑星の意味から
自分の性質を詳しく
読み解いてみよう

1 「惑星が在住する星座」、「同じ星座にいる惑星」を書き出してみましょう

ある惑星に他の惑星が関わる（同じ星座にいる）ことで様々な性質や傾向が影響します。例えば、アセンダントと同じ星座に他の惑星が一緒にいる場合、星座の性質に加えて、一緒にいるその惑星の性質が、アセンダントの象徴する性質や能力に影響をもたらします。

アセンダント、太陽、月、水星、金星、火星は、ひとつの星座にいる期間が短いため、個人的な性質を表します。このワークでは、自分の性質を知るためにこれらアセンダント、太陽、月、水星、金星、火星の影響について読み解いていきましょう。

木星、土星、ラーフ、ケートゥはひとつの星座に 1 年以上いる、動きの遅い天体。個人的な性質というよりは世代的な影響をもたらすため、本書では扱わないよ。

例）歌手ジョン・レノンさんのホロスコープをまとめてみると……

	魚座	牡羊座	牡牛座	双子座	
	アセンダント（As）ケートゥ（Ke）	土星（SaR）木星（JuR）	天王星（UrR）		
水瓶座				冥王星（Pl）	蟹座
山羊座	月（Mo）			金星（Ve）	獅子座
			水星（Me）	海王星（Ne）火星（Ma）ラーフ（Ra）太陽（Su）	
	射手座	蠍座	天秤座	乙女座	

▼

	惑星のある星座	同じ星座にいる惑星
アセンダント	魚座	ケートゥ
太陽	乙女座	火星、ラーフ
月	山羊座	なし
水星	天秤座	なし
金星	獅子座	なし
火星	乙女座	ラーフ、太陽

アセンダント、太陽、月、水星、金星、火星の入っている星座名と、その星座に他の惑星が入っているか、上の表にまとめてみたよ。

2 「惑星が在住する星座」「同じ星座にいる惑星」 の象意を確認してみましょう。

WORK1同様、星座の象意を巻末資料176〜179ページ、惑星の象意を180〜183ページの「性質・能力」「興味・仕事」から、当てはまると思うキーワードを3つ書き出します。

例）ジョン・レノンさんのアセンダントを読み解くと……

アセンダント　基本的な性質や能力

・アセンダントは（　　魚　　）座に在住

　▶ 私は（ 感受性が高く、想像力豊かで、愛情深い ）性質や能力を持っています

・アセンダントは惑星（　ケートゥ　）と同じハウス

　▶ この惑星の（ 神秘的なカ、鋭い洞察力、出家修行者の ）性質や能力があります

Point

> ジョン・レノンさんはインドに赴き、マハリシ・マヘーシュ・ヨーギーという著名な瞑想の指導者のもと、インド哲学や超越瞑想を学び、修行しました。魚座のスピリチュアルな性質やケートゥの修行者的な性質が表れた行動だと思います。

太陽　魂と社会性、仕事、成長の方向性、やりがいを感じること

・太陽は（　　乙女　　）座に在住

　▶ 私は（ 知性的、几帳面、思いやりがある ）性質を活かして成長していきます

・太陽は惑星（　火星、ラーフ　）と同じハウス

　▶ この惑星の（（火星）挑戦、勇敢、情熱的、（ラーフ）創造的、社交的、独創的な ）性質を活かして成長していきます

Point

> 妻であるオノ・ヨーコさんとともに反戦運動をしたのは、火星とラーフの情熱的、挑戦的で、独創的な性質を持っていたからと思われます。

月　心や感情、感じやすい感情や表現の仕方

幼い頃に受けた母親や幼年期の環境からの影響も表しています。

- 月は（　山羊　）座に在住
  - ▶ 私は（　思慮深く、慎重、忍耐の　）性質を持っています

Point

子どもの頃、生みの親と暮らすことができず、叔母夫妻に育てられました。本当の家族愛に恵まれなかったため、心につねに不安を抱え、慎重な性格になったと思われます。

水星　知性や思考、知的好奇心のある分野

- 水星は（　天秤　）座に在住
  - ▶ 私は（　芸術、調和、コミュニケーション　）に興味を持ったり、そういった分野を理解したりする知性や思考力があります

Point

音楽や平和活動、アートに興味を持ったのは、天秤座の芸術的な感性や愛と調和、平和への思いがあったからでしょう。

金星　楽しみや喜び、愛情表現

- 金星は（　獅子　）座に在住
  - ▶（　音楽や芸術、人々を楽しませることに　）楽しみや喜びを感じます。また、私は愛を（　純真で、情熱的、ドラマティックに　）表現します

Point

ミュージシャンとして成功できたのは、人生の楽しみが音楽であり、人々を楽しませることに喜びを感じていたからでしょう。

火星　欲しい物を手に入れるための自己主張と行動力

- 火星は（　乙女　）座に在住
  - ▶ 私は（　分析し、秩序を重んじて、知性的に　）主張し、行動します
- 火星は惑星（　海王星、ラーフ、太陽　）と同じ星座
  - ▶ この惑星の性質が加わり
    （（海王星）愛情深く、（ラーフ）エネルギッシュに、（太陽）正義感から　）主張し、行動します

Point

彼は愛とスピリチュアリティを大切にし、世界平和を求め、権力者を批判し、精力的に反戦運動に関わっていました。

3 あなたのホロスコープの「惑星が在住する星座」「同じ星座にいる惑星」を書き出し、読み解いてみましょう。

星座の象意を巻末資料176〜179ページ、惑星の象意を180〜183ページの「性質・能力」「興味・仕事」から、当てはまると思うキーワードを3つ書き出します。

	惑星のある星座	同じ星座にいる惑星
アセンダント	座	
太陽	座	
月	座	
水星	座	
金星	座	
火星	座	

アセンダント　基本的な性質や能力

・アセンダントは（　　　　　　　　）座に在住

　▶ 私は（　　　　　　　　　　　　　　　　）

　　性質や能力を持っています

・アセンダントは惑星（　　　　　　　　　　　）と同じハウス

　▶ この惑星の（　　　　　　　　　　　　）

　　性質や能力があります

太陽　魂と社会性、仕事、成長の方向性、やりがいを感じること

・太陽は（　　　　　　　　）座に在住

▶ 私は（　　　　　　　　　　　　　　　　）

　　性質を活かして成長していきます

・太陽は惑星（　　　　　　　　　　　）と同じハウス

▶ この惑星の（　　　　　　　　　　　　　　　　）

　　性質を活かして成長していきます

月　心や感情、感じやすい感情や表現の仕方

幼い頃に受けた母親や幼年期の環境からの影響も表しています。

・私の月は（　　　　　　　　）座に在住

▶ 私は（　　　　　　　　　　　　　　　　）

　　性質を持っています

・私の月は惑星（　　　　　　　　　　　）と同じハウス

▶ この惑星の（　　　　　　　　　　　　　　　　）

　　性質を持っています

水星　知性や思考、知的好奇心のある分野

・水星は（　　　　　　　　）座に在住

▶ 私は（　　　　　　　　　　　　　　　　）

　　に興味を持ったり、そういった分野を理解したりする知性や思考力があります

・私の水星は惑星（　　　　　　　　　　　）と同じハウス

▶ この惑星の（　　　　　　　　　　　　　　　　）

　　に知的好奇心を抱いたり、そういった分野を理解したりする
　　知性や思考力があります

金星　楽しみや喜び、愛情表現

・私の金星は（　　　　　　　　）座に在住

　▶私は（　　　　　　　　　　　　　　）

　　楽しみや喜びを感じます

　　また、私は愛を（　　　　　　　　　　　　）表現します

・私の金星は惑星（　　　　　　　　　　　　）と同じ星座

　▶この惑星の（　　　　　　　　　　　　　　）

　　に楽しみや喜びを感じます。

　　また、私は愛を（　　　　　　　　　　　　）表現します

火星　欲しい物を手に入れるための自己主張と行動力

・火星は（　　　　　　　　）座に在住

　▶私は（　　　　　　　　　　　　　　）

　　主張し、行動します

・火星は惑星（　　　　　　　　　　　）と同じ星座

　▶この惑星の性質が加わり（　　　　　　　　　　　　　　）

　　主張し、行動します

Point

本ページでは触れない木星と土星について補足すると、木星は幸運をもたらし、土星は試練と成長をもたらしてくれる惑星です。木星の在住する星座の性質や人物、テーマから幸運が得られます。一方、土星の在住する星座の性質や人物、テーマに苦手意識を感じたり、試練が与えられたりします。

それぞれの惑星はのちに説明する、支配星やアスペクトの影響も受けるよ。アスペクトの影響も含めて見ることで、私たちの性質をより多面的に深く理解できるんだ。

土星外惑星について

人類の進化に大きな影響を与える3惑星
天王星、海王星、冥王星の役割について

　伝統的なインド占星術では、土星外惑星と呼ばれる天王星、海王星、冥王星を扱いません。近代まで観測する技術がなかったことが主な理由ですが、実は、古代ヴェーダ文献に、この3惑星と思われる天体のことが記されています。ここでは、占星術をより統合的にとらえ、宇宙の普遍的な真理、法則を理解するために、この3惑星も含めてリーディングしていくことにします（ただし、本書で紹介するホロスコープ作成サイトでは土星外惑星は出せませんのでご注意を）。

　3つの土星外惑星はいずれも凶星です。人生に様々な困難をもたらし、その体験を通して、私たちをより霊的に進化させる役割があります。スピリチュアル世界に関心のある人の多くは、この3惑星の影響を強く受けていることでしょう。

天王星、海王星、冥王星からわかること

天王星(Ur) ♅

宇宙とつながる「偉大な覚醒者」

自由と革命をもたらし覚醒を促します。天王星の影響が強いと風変わりで常識破り、天才的な知性と独創性に恵まれ、様々な分野の先駆者となります。直観と論理的思考の両方が求められる科学、技術、医療、占星術などの分野に適性が。ネガティブな面が出ると、何事にも反抗的で気まぐれ、協調性がなく、衝動的で自己破壊的に。

—— キーワード ——
天才性、独創性、発明、発見、解放、改革、科学、技術、医学、占星術、電気、コンピューター、混沌

—— キーワード ——
慈愛、共感、癒し、神秘的な能力、夢、理想、ロマンチック、豊かな想像力、芸術、占い、過敏体質、混乱

海王星(Ne) ♆

目に見えない「神秘の世界」を司る

宇宙とつながり、慈愛に満ちた平和な世界をつくる惑星。海王星の影響が強い人は、共感力が高く、とても繊細で優しく、傷つきやすい。占い好き、ヒーリングやチャネリングをする人も。インスピレーション豊かで、芸術、音楽、文学、映画などの世界で才能を発揮。ネガティブに働くと、依存的で、混乱しやすく、現実逃避の傾向に。

—— キーワード ——
鋭い洞察力、支配、心理学、破壊、危機管理、保険、原子力、独裁、性、セックス、怒り、恨み、妬み、激情

冥王星(Pl) ♇

破壊と再生で「自己変容」を促す

死と再生の惑星。身近な人の死といった極限状態から立ち直る経験を通して根本的な変容をもたらします。心の奥底に潜む暗い衝動、本能的な欲求の象徴。冥王星の影響が強いと、強靭な精神力で社会を変えるカリスマ的リーダーに。ネガティブに働くと、暴力的に人を支配したくなり、自分や世界を破滅させたい衝動に駆られます。

天王星、海王星、冥王星は、その時代その時代に必要な覚醒や進化を人類全体に起こすために、私たちの人生にとても大きな影響をおよぼしているんだよ。

土星外惑星の影響を実例で納得！

「土星外惑星」のホロスコープ実例を紹介。
キューバの革命家チェ・ゲバラの天王星を見ると、
「偉大なる愛の革命家」たることがわかります。

チェ・ゲバラ

魚座	牡羊座	牡牛座	双子座
アセンダント（As）天王星（Ur）火星（Ma）	木星（Ju）金星（Ve）	太陽（Su）水星（Me）ラーフ（Ra）	冥王星（Pl）
月（Mo）（水瓶座）			（蟹座）
（山羊座）		海王星（Ne）	（獅子座）
	ケートゥ（Ke）土星（SaR）		
射手座	蠍座	天秤座	乙女座

アセンダントは慈愛にあふれた魚座にあり、そこに改革・革命を表す天王星、戦士の火星が一緒にいます。彼は国連総会出席のためにニューヨーク滞在中のインタビューで「革命家にとって重要なことは?」という問いに、「バカらしいと思うかもしれないが、真の革命家は偉大なる愛によって導かれる。人間への愛、正義への愛、真実への愛。愛の無い真の革命家など想像できない」と答えています。これは魚座と天王星の精神がよく表されています。天王星は医師の惑星でもあり、事実、彼は医師でもありました。

COLUMN 2

双子の運命は同じ？

　占星術でホロスコープや運命が読めるようになると、ひとつ大きな疑問が浮かぶことでしょう。

　「双子は同じホロスコープで同じ運命をたどるのか？」と。しかし実のところ、全く同じ性格、人生を歩む双子はいませんよね。

　基礎レベルのリーディングでは双子の運命を区別することはできません。しかし、インド占星術には分割図という高度な技法が存在し、出生時間の数分の違いも読み解くことができます。双子といえども、生まれた時間が10分、15分と違えば、性格や才能、結婚運、仕事運などには違いが出てきます。分割図を駆使することで双子それぞれの運命を読み解くことができるのです。インド占星術の大きな魅力は、出生時間の数分の違いすら見分けることができる精度の高さにあります。

惑星のコンビネーション

惑星、ハウス、星座が結びつくことで
お互いに影響をおよぼすコンビネーション

　コンビネーションとは、惑星とハウス、星座が結びつく特定の法則で、大きく分けて4つあります。結びつきの強さは、星座交換＞コンジャンクション＞アスペクト＞在住、の順です。

星座交換

2つの星座が自分の支配星を
交換するコンビネーション。

月は太陽の支配する獅子座に在住し、太陽は月が支配する蟹座に在住（互いの星座を交換）。

コンジャンクション

2つ以上の惑星が同じ星座に
在住するコンビネーション。

木星と太陽は同じ星座・ハウスに在住。これを「同室する」とも表現する。

在住

惑星が在住するハウスと支配
するハウスは結びつく。

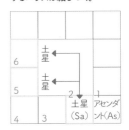

土星は5室と6室を支配し2室に在住。これにより5室と2室、6室と2室、2種類の結びつきができる。

アスペクトは4パターン

その1 7番目のアスペクト

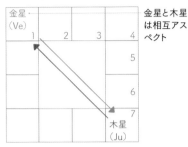

金星と木星は相互アスペクト

ラーフとケートゥを除く7つの惑星は、自分が在住する星座から数えて7番目の星座にアスペクトする。そこに在住する惑星があれば相互にアスペクトする。

その2 木星 のアスペクト

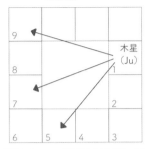

木星は在住している星座から7番目の星座にアスペクトする他、5番目、9番目の星座にもアスペクトする。

その3 土星 のアスペクト

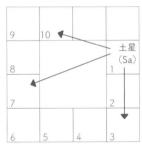

土星は在住している星座から7番目の星座にアスペクトする他、3番目、10番目の星座にもアスペクトする。

その4 火星 のアスペクト

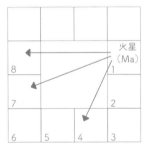

火星は在住している星座から7番目の星座にアスペクトする他、4番目、8番目の星座にもアスペクトする。

Point

アスペクトは惑星が在住する星座から特定の星座や惑星、ハウスに影響力を及ぼす配置です。通常、アスペクトは一方通行ですが、特定の条件が揃うと「相互アスペクト」（その1の図で相互に矢印が向かっているもの）となります。

インド占星術の
アスペクト

ホロスコープの読み解きに欠かせない
惑星・ハウス・星座をつなぐ基本概念

　惑星、ハウス、星座という要素から総合的に読み解くインド占星術にとって、アスペクトは重要な概念のひとつです。例えるなら、惑星は登場人物、ハウスは台本、星座はロケーションで、インド占星術はそこからつくり出される人生の一場面を読み解くようなものだからです。

　アスペクトという言葉には、角度という意味だけでなく、「見る（視点）」という語源もあります。つまり、惑星は在住するハウスに影響を与えるのはもちろん、アスペクトする別の星座や惑星にも視点を投げかけ、影響を与えているのです。西洋占星術でもアスペクトという言葉を使いますが、それは2つの惑星がつくる角度によって決められるもので、インド占星術のようにハウスや星座にはアスペクトしません。

※インド占星術では土星外惑星のアスペクトの定義はありません。

アスペクトを読む

② 月と土星は、相互に7番目のアスペクトを形成。影響を与え合っている。

⑤ 火星は、牡牛座から数えて4番目の獅子座と、そこに在住する太陽と水星、7番目の蠍座、8番目の射手座に影響を与える。

③ 木星は、双子座から数えて5番目の天秤座とそこに在住する金星、7番目の射手座、9番目の水瓶座に影響を与える。

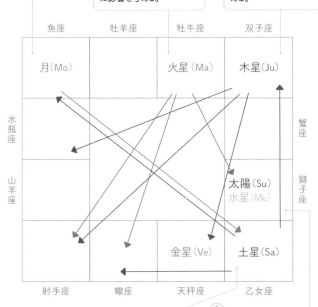

④ 土星は在住する乙女座と、乙女座から数えて3番目の蠍座、7番目の魚座、10番目の双子座とそこに在住する木星に影響を与える。

① 太陽と水星は同じ星座に在住しているのでコンジャンクションしている(同室にある)。

Point

太陽、月、水星、金星の7番目のアスペクトをチェックし、次に特別なルールを持つ木星、土星、火星を見ます。上のホロスコープから分かることは、太陽でいうならば、火星のアスペクトを受け、エネルギッシュで情熱的になり、強いリーダーシップを発揮できるということ。

WORK3
惑星のアスペクトを
ホロスコープで読んでみよう

1 まずは太陽、月、水星、金星の7番目のアスペクトを、
次に火星、木星、土星のアスペクトを
チェックしてみましょう。

例）スティーブ・ジョブズさんのアスペクトを読み解くと……

月は7番目の星座である
乙女 座にアスペクト

	魚座	牡羊座	牡牛座	双子座	
	月（Mo）	火星（Ma）		ケートゥ（Ke） 木星（JuR）	
水瓶座	太陽 （Su）			天王星 （UrR）	蟹座
山羊座	水星 （MeR）			冥王星 （PIR） アセンダント （As）	獅子座
	金星（Ve） ラーフ（Ra）		海王星 （NeR） 土星（Sa）		
	射手座	蠍座	天秤座	乙女座	

太陽は7番目
の星座である
獅子 座に
アスペクト

水星は7番目
の星座であ
る 蟹 座に
アスペクト

金星は7番目の星座である
双子 座にアスペクト

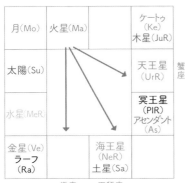

火星は

7番目の星座である <u>天秤</u> 座、

4番目の星座である <u>蟹</u> 座、

8番目の星座である <u>蠍</u> 座に

アスペクト

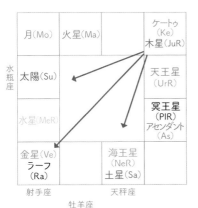

木星は

7番目の星座である <u>射手</u> 座、

5番目の星座である <u>天秤</u> 座、

9番目の星座である <u>水瓶</u> 座に

アスペクト

土星は

7番目の星座である <u>牡羊</u> 座、

3番目の星座である <u>射手</u> 座、

10番目の星座である <u>蟹</u> 座に

アスペクト

Point

惑星と惑星のアスペクトの読み解きは上級者レベルですので、本書では取り上げません。
STEP 5でハウス単位のアスペクトを見ることになりますので、その前に、惑星と星座のアスペクトの読み方をマスターしておきましょう。

2

次は、あなたのホロスコープで
惑星のアスペクトを書き出してみましょう。

下の表にあなたのホロスコープを書き写し、アスペクトを書き込んでみましょう。

	魚座	牡羊座	牡牛座	双子座
水瓶座				蟹座
山羊座				獅子座
	射手座	蠍座	天秤座	乙女座

- 太陽は7番目の星座である _____ 座にアスペクト

- 月は7番目の星座である _____ 座にアスペクト

- 水星は7番目の星座である _____ 座にアスペクト

- 金星は7番目の星座である _____ 座にアスペクト

- 火星は
  7番目の星座である _____ 座、
  4番目の星座である _____ 座、
  8番目の星座である _____ 座にアスペクト

- 木星は
  7番目の星座である _____ 座、
  5番目の星座である _____ 座、
  9番目の星座である _____ 座にアスペクト

- 土星は
  7番目の星座である _____ 座、
  3番目の星座である _____ 座、
  10番目の星座である _____ 座にアスペクト

惑星はこのように遠く離れた星座やハウスにもアスペクトすることで影響を与えている。アスペクトを読み進めていくと、私たちの多面的で複雑な性質や人生の様々な出来事を読み解けるようになるよ。

ハウスの表すものとは

インド占星術ならではの「ハウスシステム」
12 ハウスそれぞれに込められた意味

　ハウスには様々な象意が割り当てられています。これを「ハウスシステム」と呼び、インド占星術ではとても重要な概念となります。この世界にある事象や人間関係はすべて 12 ハウスのどれかに対応し、人生のテーマを読み解く際の鍵となります。右ページの表にまとめた 12 ハウスの象意は、ほんの一部にしか過ぎません。だからといって、すべての象意を暗記する必要はなく、ホロスコープのリーディングを重ねながら、自然と各ハウスの特徴を理解していきましょう（ハウスの詳細な象意は 180 ページ参照）。

　なお、現代の西洋占星術にはハウスの分割方法がたくさんありますが、インド占星術ではひとつの星座を丸ごとひとつのハウスとして割り当てる「ホールサイン」を採用しています。

ハウスの主な象意

第1室
身体、容貌、幸・不幸、名声、平和、豊かさ、健康、家系、家柄、生命、自尊心、出生地

第2室
収入、利益、富の蓄積、飲食、言葉、スピーチ、会話、家族（同居する人）、家庭

第3室
勇気、努力、技術訓練、トレーニング、精神的な強さ、集中力、短距離の移動、音楽、ダンス、芸術、趣味、愛国心、本人の寿命、隣国

第4室
家庭、土地、不動産、家具、乗り物（車・飛行機・船）、基礎的な教育、幸福、情緒、記憶、知識、農業、採掘業、議会、野党

第5室
創造、学習、知能（論理性）、過去世からの功徳（その果報としての才能）、文学、芸術、恋愛、威厳、宗教的実践、投機、首相

第6室
争い、病気、事故、部下、親戚、訴訟、試験、競争、選挙、借金、奉仕、労働、雇用される仕事

第7室
恋愛、結婚、配偶者、セックス、対人関係、社会生活、記憶の喪失、社会的名声、ビジネスパートナー

第8室
寿命、研究、生命、突然、不規則、トラブル、遺産、名誉の失墜、罪、懲罰、残酷な行為、精神的苦悩、慢性病、秘密、ヨーガ、瞑想、心理学、オカルト

第9室
幸運、宗教、グル（先生・師匠）、高度な知識、慈善、神やグルへの献身、信仰、高徳な行い、長距離の移動、外国、聖地巡礼

第10室
名誉、地位、天職、天命、社会的使命、社会的行動、職業、政府、公務員、影響力

第11室
収入、利益、成功、定期的な収入、社会的評価、勲章、願望成就、才能を使いこなす手腕

第12室
損失、出費、投資、負債の返却、布施、寄付、現世からの離脱、苦悩からの解放、出家、隠遁、投獄、入院、外国、移住、権力・権威の喪失、苦悩からの解放

ハウスとハウスの支配星

12 ハウスそれぞれにある支配星は 12 星座を支配する惑星と一致

　12 星座それぞれに支配星があるのと同様に、12 ハウスにもそれぞれ支配星が存在します。そしてそれは、各ハウスが振り分けられた星座を支配する惑星と一致します。例えば、第 1 室が獅子座ならば、第 1 室の支配星は太陽となります。また、この場合、太陽の支配ハウスは第 1 室といいます。

　星座とハウスは別物ですが、12 星座と 12 ハウスには密接な共通項が見られます。例えば、12 星座の起点となる牡羊座から数えて、4 番目の星座は蟹座です。母性愛あふれる星座で、人生の土台となる家庭や家を必要とします。一方、第 4 ハウスのキーワードは家庭、土地、不動産。このように、星座とハウスの数字には解釈上の共通項があるのです。この共通項を知っていると、ホロスコープを読み解く際の助けになります。

WORK 4

ハウスから人生のテーマを読み解いてみよう

1 各惑星の支配ハウスと在住ハウスを書き出してみましょう。

例）スティーブ・ジョブズさんの場合……

例えば、太陽が支配している獅子座は第1室に当たります。ジョブズさんの太陽（Su）は水瓶座にあり、そこは第7室に当たります。このようにして、各惑星の支配ハウスと在住するハウスなどをまとめたのが下の表です。

	（木星）魚座	（火星）牡羊座	（金星）牡牛座	（水星）双子座	
	月（Mo）8	火星（Ma）9	10	ケートゥ（Ke）木星（JuR）11	
水瓶座（土星）	太陽（Su）7			天王星（UrR）12	蟹座（月）
山羊座（土星）	水星（MeR）6			冥王星（PlR）アセンダント（As）1	獅子座（太陽）
	金星（Ve）ラーフ（Ra）5	4	海王星（NeR）土星（Sa）3	2	
	射手座（木星）	蠍座（火星）	天秤座（金星）	乙女座（水星）	

惑星	支配星座	支配ハウス	在住する星座	在住するハウス
太陽	獅子座	1	水瓶座	7
月	蟹座	12	魚座	8
水星	双子座	11	山羊座	6
	乙女座	2		
金星	牡牛座	10	射手座	5
	天秤座	3		
火星	牡羊座	9	牡羊座	9
	蠍座	4		
木星	射手座	5	双子座	11
	魚座	8		
土星	山羊座	6	天秤座	3
	水瓶座	7		

ハウスから「人生のテーマ」を見てみましょう。ポイントは主に下の3つです。それぞれのハウスの象意は、巻末資料の「ハウスの象意一覧」(184ページ)から、興味があると感じるキーワードを3〜4つ書き出します。

Point 1

第1室の支配星が
在住するハウス
↓
人生で大切なテーマ

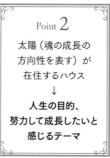

Point 2

太陽(魂の成長の
方向性を表す)が
在住するハウス
↓
**人生の目的、
努力して成長したいと
感じるテーマ**

Point 3

月(心を表す)が
在住するハウス
↓
**興味関心のある
テーマ、心の安らぎ**

例) **スティーブ・ジョブズさんの場合は……**

1 1室の支配星 (太陽) は (7) 室に在住
　　このハウスの (結婚、対人関係、ビジネス・パートナー、社会的名声)
　　　　　　　　　　　　　　　　　　　　が人生で大切なテーマです。

2 太陽は (7) 室に在住
　　このハウスの (結婚、対人関係、ビジネス・パートナー、社会的名声)
　　　　　　　　　　　　　　　　　　　が魂の成長の方向性を示します。

3 月は (8) 室に在住
　　このハウスの (瞑想、ヨガ、オカルト、神秘的知識)
　　　　　　　　　　　　　　　　　　が興味関心のあるテーマです。

Point

ジョブズさんは第1室の支配星と太陽が同じハウスで、この第7室のテーマが二重に強調され、人生の中でとても重要度が高いことがわかります。社会的に成功したいという思いが強くあったのでしょう。また、1室支配星の在住する星座は水瓶座で、この星座が象徴する最先端テクノロジーや発明、イノベーションを起こすことが魂のテーマでもありました。そして月のある8室はスピリチュアルなハウス。彼は若い頃、悟りを求めてインドを旅し、その後、仏教徒になり座禅を実践。月が在住する星座もスピリチュアルな魚座。月の持つテーマが二重になって強調されています。

2 あなたのホロスコープの各惑星の支配ハウスと在住ハウスを書き出して、読み解いてみましょう。

あなたのホロスコープでアセンダントはどこにありますか？アセンダントのある星座を第1室として、時計回りに番号を振ります（右の表）。次に、各惑星も書き込んで、支配ハウスと在住するハウスなどを次の表にまとめ、ハウスの象意を書き出しましょう。

（木星）（火星）（金星）（水星）
魚座　牡羊座　牡牛座　双子座

（土星）水瓶座

（土星）山羊座

蟹座（月）

獅子座（太陽）

射手座　蠍座　天秤座　乙女座
（木星）（火星）（金星）（水星）

惑星	支配星座	支配ハウス	在住する星座	在住するハウス
太陽	獅子座			
月	蟹座			
水星	双子座			
	乙女座			
金星	牡牛座			
	天秤座			
火星	牡羊座			
	蠍座			
木星	射手座			
	魚座			
土星	山羊座			
	水瓶座			

1 人生で大切なテーマ

1室の支配星（　　　　　）は（　　　　　）室に在住

このハウスの（　　　　　　　　　　　　　　　）

が人生で大切なテーマです。

2 魂の成長の方向性や目的

太陽は（　　　　　）室に在住

このハウスの（　　　　　　　　　　　　　　　）

が魂の成長の方向性を示します。

3 興味関心のあるテーマ

月は（　　　　　）室に在住

このハウスの（　　　　　　　　　　　　　　　）

が興味関心のあるテーマです。

ハウスの分類で さらに複合的に読む

レッスン動画

基礎的なハウスの分類を知って
ホロスコープを総合的に読み解く

　インド占星術のハウスはテーマごとに大まかに４つに分類されます。これはホロスコープのよし悪しを総合的に判断する上で重要です。例えば、１室、５室、９室は「トリコーナハウス」と呼ばれ、ここに在住する・支配する惑星はよい働きをし、幸運をもたらします。

　本書で取り上げる基礎的なハウスの分類は、後述する人生の方向性を示すハウスの読み解き（122 ページ）、PART 3 のヴィムショタリ・ダシャーを使う際の材料になります。さらに、本書では触れませんが、その人が進むべき人生の方向性がどのようなもので、今現在どのような局面を迎えているかを判断し、さらに、分類されたハウス（星座）の性質から、その人がどのような心理状態にあるかまで読めるようになります。

リーディングで最も重要になる
4つのハウス分類

自分の幸運を
見るときは……

① トリコーナハウス（1・5・9室）

魚座	牡羊座	牡牛座	双子座
3	4	5	6
2			7
1 As			8
12	11	10	9

水瓶座／山羊座（左）　蟹座／獅子座（右）
射手座　蠍座　天秤座　乙女座

守護されている箇所を
見るときは……

② ケンドラハウス（1・4・7・10室）

魚座	牡羊座	牡牛座	双子座
3	4	5	6
2			7
1 As			8
12	11	10	9

水瓶座／山羊座（左）　蟹座／獅子座（右）
射手座　蠍座　天秤座　乙女座

努力の傾向を
見るときは……

③ 凶ハウス（3・6・11室）

魚座	牡羊座	牡牛座	双子座
3	4	5	6
2			7
1 As			8
12	11	10	9

水瓶座／山羊座（左）　蟹座／獅子座（右）
射手座　蠍座　天秤座　乙女座

自分の困難を
見るときは……

④ ドュシュタナハウス（6・8・12室）

魚座	牡羊座	牡牛座	双子座
3	4	5	6
2			7
1 As			8
12	11	10	9

水瓶座／山羊座（左）　蟹座／獅子座（右）
射手座　蠍座　天秤座　乙女座

次から事例をもとに詳しく見ていきます。在住する惑星、支配する惑星の吉凶（71ページ）を参照しながらチェックしましょう。

13

① トリコーナハウス（1・5・9室）

1・5・9室は過去世に積んだ善行の結果として幸運の恩恵を得られるハウスで、このハウスに在住する惑星と支配星から、人生のどのような領域に幸運があるかを知ることができます。在住・支配する惑星は生来的な凶星であってもよい働きをし、幸運をもたらします。このハウスに在住する惑星は幸運を得て、在住する惑星が支配するハウスのテーマにも幸運が得られます。

セリーヌ・ディオンさん（歌手）のホロスコープを見てみましょう。

9室を支配する木星が2室に在住。2室が意味する顔、言葉、声で収入を得る幸運がある。
彼女が歌手として成功できたのは、素晴らしい歌声を得るという2室の幸運があったからだろう。

（木星）魚座	（火星）牡羊座	（金星）牡牛座	（水星）双子座
ラーフ（Ra） 土星（Sa） 太陽（Su） **9**	月（Mo） 火星（Ma） **10**	**11**	**12**
金星（Ve） 水星（Me） **8**			アセンダント（As） **1**
7			木星（JuR） 冥王星（PlR） **2**
6	海王星（NeR） **5**	**4**	天王星（UrR） ケートゥ（Ke） **3**

（水瓶座 土星）（山羊座 土星）

（蟹座 月）（獅子座 太陽）

| 射手座（木星） | 蠍座（火星） | 天秤座（金星） | 乙女座（水星） |

9室に在住する土星は7室の支配星で、結婚運がよいことを示唆。実際、夫のルネ・アンジェリルさんはカナダで成功した歌手であり、音楽プロデューサー。

1室と5室に惑星はないが※、それぞれの支配星の月と火星が仕事を表す10室に在住。仕事運がよいことを表している。

レッスン動画

※海王星はハウス支配がなく、ダシャーに表れないので、ここではないと扱います。

② ケンドラハウス（1・4・7・10室）

1・4・7・10室は守護のハウスで、人生において大切な4本の柱（1室：自分自身／健康、4室：母親／住居／心の幸福、7室：配偶者／対人関係、10室：父親／仕事／社会的評価と地位）を表しています。このハウスに吉星が入っていれば、人生は守られていて、複数の凶星が入ると苦労の多い人生を送ることになります。

ニコール・キッドマンさん（女優）のホロスコープを見てみましょう。

> 7室に凶星であるラーフが入り、凶星の火星が7室にアスペクト。配偶者との関係が困難なものであることが表れている。彼女はトム・クルーズさんと結婚したが離婚し、キース・アーバンさんと再婚している。

魚座	牡羊座	牡牛座	双子座
土星（Sa） **6**	ラーフ（Ra） **7**	**8**	太陽（Su） 水星（Me） **9**
5			木星（Ju） 金星（Ve） **10**
4			冥王星（Pl） 天王星（Ur） **11**
3	月（Mo） **2**	ケートゥ（Ke） アセンダント（As） 海王星（NeR） **1**	火星（Ma） **12**
射手座	蠍座	天秤座	乙女座

（左側上から：水瓶座、山羊座）
（右側上から：蟹座、獅子座）

1室に凶星のケートゥが在住し、健康上の問題があることを示唆。彼女は不妊治療を経て、代理母出産をしている。

10室には大吉星の木星と金星が在住。仕事で大成功し、2018年にはタイム誌「最も影響力ある100人」に選出されている。

レッスン動画

③ 凶ハウス（3・6・11室）

3・6・11室の凶ハウスを支配する惑星は凶意が強まり、悪い働きをします。在住する生来的凶星は困難を乗り越える力や病気からの回復力を与えます。このハウスに在住する惑星は、最初は苦難を与えますが、努力をすることで道が開けます。

オードリー・ヘップバーンさん（女優）のホロスコープを見てみましょう。

> 彼女の名言「女優の道に進んだのは偶然からでした。私は無名で、自信も経験もなく、痩せっぽちでした。だから全身全霊で努力しました。その点では自分を褒めることができます」にも表れているように、彼女は努力の人だった。

	魚座	牡羊座	牡牛座	双子座	
	金星（VeR）天王星（Ur）**2**	太陽（Su）木星（Ju）ラーフ（Ra）**3**	水星（Me）**4**	冥王星（Pl）**5**	
水瓶座	月（Mo）アセンダント（As）**1**			火星（Ma）**6**	蟹座
山羊座	**12**			海王星（NeR）**7**	獅子座
	土星（SaR）**11**	**10**	ケートゥ（Ke）**9**	**8**	
	射手座	蠍座	天秤座	乙女座	

3室に凶星の太陽とラーフ、6室には凶星の火星、11室には凶星の土星が在住している。ケートゥ以外の凶星がすべて凶ハウスに在住することから、努力する性質が強いことがわかる。

レッスン動画

④ ドシュタナハウス（6・8・12室）

6・8・12室に在住する惑星と支配する惑星は、凶意が強まり不運や障害をもたらします。このハウスに惑星が集中すると、世間一般とは異なる人生を歩んだり、社会的困難を抱えたりする傾向に。ドシュタナハウスはカルマの清算を表し、12室は困難をもたらしますが、苦悩を乗り越え、浄化することで苦悩からの解放も意味します。

バグワン・シュリ・ラジニーシさん（神秘思想家）のホロスコープを見てみましょう。

	魚座	牡羊座	牡牛座	双子座	
	天王星（UrR） ラーフ（Ra） **11**	**12**	アセンダント（As） **1**	冥王星（PlR） **2**	
水瓶座	**10**			木星（JuR） **3**	蟹座
山羊座	**9**			海王星（NeR） **4**	獅子座
	土星（Sa） 月（Mo）金星（Ve） 水星（MeR） 火星（Ma） **8**	太陽（Su） **7**	**6**	ケートゥ（Ke） **5**	
	射手座	蠍座	天秤座	乙女座	

ドシュタナハウスで最も強い第8室に惑星が集中。不運・困難が多い人生を表している。彼は純粋な宗教性を追求していたが、特異な発言（8室の影響）から多くの反発や物議を呼んだ。アメリカで投獄監禁、国外退去など数々の困難を経験。それはこの8室への惑星集中によるものと思われる。

レッスン動画

115

12 ハウスのテーマを
詳しく解説すると……

第 1 室
「身体」という人生の資本を表す

身体、健康、生まれた環境など、自分に関わるすべてを象徴するハウス。QOL（Quality of Life：人生の質）と健康は直結し、健やかな身体は人生すべての基本です。その意味で最も重要なハウス。基本象意は身体から派生し、自分自身、幸・不幸、名声、平和、豊かさ、生命、威厳、自尊心、容貌など。その他、幼年期の環境、出生地、家系、家柄といった意味も。1室を見れば、基本的な特質、才能、能力もわかります。

Check Point 1
第1室の支配星が在住するハウスは「人生のテーマ」を表しています。1室の支配星が9室に在住していれば、精神性の向上や外国、長期旅行などが人生のテーマになります。ぜひチェックしてみましょう！

Check Point 2
在住する惑星は、自分自身の生き方、外見、性格全般に大きな影響を与えます。第1室に太陽があるならば、インド占星術では前世でやり残したことがあり、今世で達成する運命にあるといわれています。

第 2 室
家族、金銭、言葉を「所有」する

所有のハウス。人は生まれると家族（シェアメイト含む）を持つため、生まれ育った家庭環境を表します。家族の所有から派生して、収入や財産も指します。体に取り入れる（所有する）栄養としての飲食、口とも関連し、言葉や会話、スピーチという意味、顔という象意もあります。第2室に凶星の関わりが強い人は、使う言葉が悪く、家族関係が悪くなりがち。言葉の使い方を見直しましょう。また、健康を害する飲食をとる傾向もあります。

Check Point 1
食べ物の好みが表れ、吉星は健康食、凶星は体に悪い食事の傾向があります。木星は菜食など健康食志向。火星は肉食と酒、辛いものが、ラーフはジャンクフードが好きです。月や金星は甘党で、ケートゥは粗食。

Check Point 2
幸運をもたらすトリコーナハウスの支配星、収入を表す第11室の支配星が在住すると、収入や財産に恵まれます。また、多くの惑星が在住すれば、多くのものを所有するので財産を蓄える傾向があるでしょう。

第 3 室　努力、成長を促す「煩悩」のハウス

煩悩や欲望のハウス。そのため、吉星より凶星が入ることが望まれます。吉星が入ると欲が満たされて怠惰な傾向が出てしまいます。逆に、凶星が入ることで煩悩を断ち切り、決意を持って成長しようとする努力が促されます。好奇心という象意もあり、そこから派生して趣味、旅行、変化、移動を好み、それらと同時に、不安定さも意味します。3室は4室から12番目（失うハウス）のハウスに当たり、家を失う＝引越しという意味も。そのため第3室に惑星が集中すると、好奇心旺盛で変化を好み、旅好きで、引越しを繰り返す傾向があります。

Check Point 1

ひとつ前の第2室の象意＝金銭を得るには働く必要があり、第3室は労働に必要なスキルを表します。年下の弟妹という象意も。これは、働きに出るには弟妹の協力が不可欠という伝統的な社会習慣に由来します。

Check Point 2

在住する惑星によって好奇心の対象、好む趣味が変わります。火星が入れば勇気があり、スポーツ好きになります。金星が入ればダンス、音楽、絵画など芸術的な趣味に。木星が入れば文学などに関心を持ちます。

第 4 室　人生の土台を築く「地」のハウス

ホロスコープのいわば、「大地」にあたる場所。大地は地球、母なる大地であり、私たちの家。そこから母親、住居、家庭、農業という象意が生まれ、母子関係で育まれる心の安定、情緒、幸福という意味につながります。不動のものという概念から土地、不動産、建物、さらに地球は私たちを乗せて宇宙空間を動くため、乗り物という意味も。4室がよい（吉星があるなど）人は母親に恵まれ、情緒が安定し、住む場所にも恵まれます。4室が傷ついている人は心が不安定で引越しが多く、色々な場所を転々としたり、海外に移住したりする傾向に。

Check Point 1

感情の表現の仕方が表れます。4室に影響する惑星の性質に応じた感情表現をし、吉星の影響は安定した感情と幸福感をもたらします。凶星の影響は心理的な課題やトラウマを表すこともあります。

Check Point 2

出生地の意味があり、4室支配星が3室や12室に入ると出生地から離れて暮らしたり、引越しを繰り返したりします。火星など凶星が4室に入ると実家の住み心地が悪くなり、出生地を離れる人が多いようです。

第5室　自分を表現する「創造性」

創造性のハウス。第4室で人生の土台を築いたら、次は外に向けて自分を表現していきます。そのため、本質的には何かを創り出すという意味があります。また、5室には過去世からの功徳という意味もあり、それが自分の才能として示されます。象意は、子ども、恋愛、芸術、文学、音楽など。また、考え方、思考、論理性、知性も表し、5室がいい人は高い知性と創造力に恵まれ、様々な能力を発揮できます。子どものハウスでもあり、ここが凶星で傷ついていると、子どもが授かりにくかったり、子育ての悩みがあったりします。

Check Point 1

第5室は教育のハウスでもあり、どんな教育を受け、どんな分野を専攻するかを、才能、適性、関心から読み解きます。凶星が入れば理系、吉星が入れば文系。5室が傷ついていると学業面で困難が生じることも。

Check Point 2

芸術や創造的な活動への適性も5室に表れます。ここに吉星が入っている人は、クリエイティブな才能に恵まれ、自分を表現する芸術や芸能、舞台活動、創造性が求められる分野で才能を発揮することができます。

第6室　「障害」を乗り越えた先に……

訴訟、争い、ケガ、病気、負債、離婚など、障害を乗り越えることで成長を促すハウス。第6室に凶星が入ると、忍耐力、集中力、精神力が鍛えられ、よい方向に作用します。スポーツ選手のように勝負の世界で生きる人は、6室に火星が入ると戦う勇気に恵まれます。病気の場合は手術を要する急性の病、特に火星などの凶星が影響を与える場合、事故に気をつける必要があります。6室に吉星があると争いを好まず、金星が入っていれば平和主義者に。6室の支配星が在住するハウスの人物とは対立しやすく、例えば、9室なら父親との対立を表します。

Check Point 1

第6室は結婚の7室から12番目のハウスなので、結婚を損失する、つまり離婚のハウスでもあります。パートナーがいる人は離婚には至らなくても夫婦喧嘩になりやすいため、気をつけましょう。

Check Point 2

サラリーマンなどの雇われ仕事、見返りを求めない奉仕的な活動も第6室の象意に含まれます。ラーフや土星などの凶星が入っていると忍耐強く働きますが、頑張りすぎてワーカホリックになる傾向もあります。

第 7 室

「結婚」と対人関係を表すハウス

第7室に入る惑星から結婚相手に選ぶタイプがわかります。太陽は社会的地位の高い人や華やかな人。月は母性的で優しい人、水星は年下の若々しい人、金星は相手のルックスにこだわります。火星はスポーツマン（亭主関白タイプだと後々問題が生じる可能性も）、土星は対人恐怖症の傾向があり年上のしっかりとした人、木星は誠実で成熟した人柄を求めます。ラーフは外国人や文化が異なる人、ケートゥは禁欲的でスピリチュアルな人を求めます。対人関係全般を表す7室はビジネスパートナーも表し、吉星が入ると第一印象や人当たりがよい傾向に。

Check Point 1

第7室に惑星が多いと結婚願望が強く早くに結婚します。ただし、好みも変わりやすく不倫や離婚をすることも。惑星がない人は結婚への関心が低く、結婚しないか、結婚しても相手にあまり意識が向かないかも。

Check Point 2

第7室の支配星が高揚していたり、トリコーナハウスに在住したりすると、結婚相手に恵まれます。逆にドゥシュタナハウスに在住する場合、結婚生活に障害があり、結婚生活を通して多くを学ぶことになります。

第 8 室

カルマを示す「寿命」のハウス

寿命のハウス。1室が強く、8室もよいと長生きします。8室はあらゆる苦悩、病気、トラブル、事故など、最も重いカルマを示すと同時に、今世で学ぶべきカルマも示しています。関わる惑星やハウスが象徴する事柄で苦悩が生じやすく、例えば、土星は慢性的な病、金星は愛情や金銭トラブル、4室は母親、9室は父親などが悩みのテーマに。克服できない人もいれば、乗り越えて人生に意義を見出す人もいます。8室は研究のハウスでもあり、1室の支配星が在住するとオカルト的なこと、引きこもって何かしら研究することに関心を持ちます。

Check Point 1

第8室は不道徳、不倫のハウスでもあります。122ページで取り上げる欲望を表すカーマハウス（第3、7、11室）が強く、8室も強いと不倫や不道徳な行いに手を染めてしまう可能性があります。

Check Point 2

苦悩や病気を意味するハウスのため、人間の苦しみの根本的な原因を探求したいという気持ちを持つことでしょう。苦しみからの解放を求め、心理学、医学、占い、神秘的知識、ヨガ、座禅、哲学などに興味を示します。

第 **9** 室

精神の高みを目指す「高等教育」

第9室は大学院レベルの教育も含む、高等教育を表すハウスです。第8室での経験は、高度な精神性、道徳性、倫理性を必要とし、ハイクラスの研究者、宗教家、哲学者、聖人などは9室がよくなければなれません。また、精神的な導き手としての父親という象意も。外国や長期の旅、聖地巡礼という意味もあり、9室が強い人は長期間にわたる旅や海外に行くことを好みます。9室は棚ぼた的な幸運をもたらし、9室の支配星が入ったハウスのテーマに恵まれます。例えば、9室支配星が5室に入れば、創造力、芸術的才能、知性などに恵まれます。

Check Point 1

第9室は9番目の星座である射手座とも関係があり、探究心、思想や哲学という象意があります。そのため、未知の世界に触れ、探究していく中で精神的な成長を遂げること。これが第9室の役割でもあります。

Check Point 2

カルマを示す第8室の後にくる第9室には、今世で積んだ功徳の結果が表れるとされています。8室の苦悩との向き合い方が9室を左右し、道に外れた行為の積み重ねがあれば、その清算を迫られるときが訪れます。

第 **10** 室

仕事を見る「天命・天職」のハウス

第4室の地に対し、第10室は「天」を示すハウスです。政府、社会、上司、仕事、社会的使命を表し、10室がよい人は社会的に多くのことを成し遂げる天命、天職があります。人生の中心は仕事になり、第10室とトリコーナハウスの支配星が関係すれば、偉業を成し遂げることも可能です。どんな仕事が向いているかは第10室で見ます。例えば、木星が入っていれば仕事に恵まれ、何かを教えるなど智慧が必要とされる仕事。土星が入っていれば勤勉で完璧さが求められる職人的な仕事、金星があれば接客業や芸術的な仕事が向いています。

Check Point 1

社会に出て仕事をする人という意味で、第10室は父親も表します。ただし、父親を読み解くときには、第9、10室の両方を見ます。一個人としての性格や精神性は第9室に、職業は第10室に表れています。

Check Point 2

第10室のメインテーマは天職ですが、10室と10室支配星では意味合いが違います。10室は職業上での立場や振る舞いを表し、10室支配星が入る星座やハウス、影響する惑星は職業の分野や業界を表します。

第 11 室 願望成就「名声・評価」のハウス

才能を示す第5室から7室目にある第11室は、才能を使いこなす手腕を表します。うまく使いこなすことができれば、第11室は名声や評価を表すハウスとなります。第11室がよい人は高い評価と高収入を得ます。欲望を表すカーマハウス（次ページ参照）最後のハウスなので、これが解脱や悟りに至る最後の障害に。事実、第11室に多くの惑星があると社会的な成功を収めますが、物質的成功を求め過ぎて貪欲になる傾向もあります。第11室には支援者、友人の象意もあり、吉星の影響が強いとよい友人に恵まれます。兄や姉もこのハウスから読み取ります。

Check Point 1

第11室は病気からの回復を表すハウスでもあります。入院は第12室の象意で、そこから数えて12室目のハウスは入院の損失、つまり退院、病気からの回復を意味するからです。

Check Point 2

物質的な豊かさの度合いは、第2、11室を見ます。2室は不動産、ビジネスなどの固定資産や家族の資産。11室は自分の能力を使って富を創造するハウスなので努力が求められる凶ハウスに分類されます。

第 12 室 すべてを手放す「損失」のハウス

損失、出費、別れを表します。12室と他のハウスが関わると、そのハウスにまつわるものを失う恐れや苦悩が生まれますが、ここは手放しのハウスでもあります。物質への執着を絶ち切ることで、その苦悩を手放し、より深い精神世界へ入っていくことも示します。外国という意味もあり、海外移住もここに表れます。祖国や出生地を示す4室が傷つき、12室が強いと、出生地から遠く離れた場所や外国に移住することも。隠遁や出家、解脱も悟りもこのハウスの象意です。無駄遣いや損失の「カルマ」を解消するために、寄付をするとよいでしょう。

Check Point 1

月や太陽、第1室支配星が入ると、心理学や神秘的な知識に関心を抱く、あるいはアシュラムやお寺で修行する人も。5室の支配星が入ると海外留学の可能性が。第10室が絡めば、失業、転職の時期に。

Check Point 2

第12室には性的な楽しみ、秘密、不倫という象意もあります。ここに金星や木星などの吉星が入ると、現世的な楽しみにたくさんお金を使って散財したり、秘密の恋や不倫をしたりすることがあります。

人生の方向性を
示すハウス

あなたの魂を成長させる生き方とは？
人生の４大目的からその方向性をつかむ

インドのヴェーダ哲学に「プルシャルタ」という教えがあります。人生の目的という意味で、古代からインドには人生に４大目的があるとされてきました。

①ダルマ（倫理、宗教）　②アルタ（財産、仕事）
③カーマ（感覚的楽しみ）④モクシャ（解脱）

魂はこの４つの過程をたどることで成長していけるという、いわば「精神的成熟度を高めるコツ」を提案するものがプルシャルタです。インド占星術にはこの教えに基づいたハウスの分類があり、古代インドの「四住期」（右ページ参照）という考え方に対応しています。ひとつの目的に３つのハウスが対応し、惑星や惑星からのアスペクトが集中するハウスの分類から、その人の魂にふさわしい人生の方向性がわかります。

生き方の4つの方向性

生き方の方向性	対応ハウス
ダルマ	1、5、9
アルタ	2、6、10
カーマ	3、7、11
モクシャ	4、8、12

ダルマ <学生期>	アルタ <家住期>	カーマ <林棲期>	モクシャ <遊行期>
意味 師のもとでヴェーダを学ぶ時期	家庭で子をもうけ一家の祭式を主宰する時期	森林に隠棲して修行する時期	一定の住所を持たず乞食遊行する時期

特徴 精神性・宗教性を求め、道徳や倫理を重んじる	財産を蓄積する、仕事・社会活動に集中する	交友関係や感覚的欲望を満たす楽しみに集中する	現世的価値観よりも神秘性や霊性の価値観を大事にする

WORK あなたのホロスコープでは、
四住期それぞれに惑星がいくつありますか?

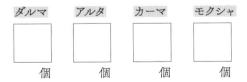

ダルマ	アルタ	カーマ	モクシャ
個	個	個	個

惑星が多く入るハウスが人生の中心となり、反対に惑星のないハウスは人生において重きを置く必要があまりありません。

WORK 5

ハウスから結婚を
読み解いてみよう

1 **第7室の惑星や星座を書き出し、「どんな配偶者や
パートナーに縁があるか」見てみましょう。**

第7室に関わっている惑星や星座を見ることで、パートナーの性質を見る
ことができます。第7室に凶星の影響のみが複数あると、パートナーを
得ることや結婚生活が困難になるかもしれません。一方、第7室に吉星の
影響があるとパートナーに恵まれ、結婚生活はよいものになります。

例）Aさん（男性）の場合……

魚座	牡羊座	牡牛座	双子座
5	火星（MaR） 6	7	ケートゥ（Ke） 土星（SaR） 8
（水瓶座） 4			（蟹座） 9
（山羊座） 木星（Ju） 3			月（Mo） 10 （獅子座）
ラーフ（Ra） 2	アセンダント （As） 海王星（Ne） 金星（Ve） 1	天王星（Ur） 太陽（Su） 水星（Me） 12	冥王星（Pl） 11
射手座	蠍座	天秤座	乙女座

7室の支配星

124

	星座または惑星
第7室に在住する惑星	なし
第7室の支配星	金星
第7室支配星が在住する星座	蠍座
第7室支配星と同室する惑星	海王星

2 第7室に関わる惑星や星座の象意を確認してみましょう。

巻末資料の星座、惑星の象意一覧（176 ～ 183 ページ）の「性質・能力」からキーワードを書き出します。

・第7室に（　（なし）　）が在住

　Aさんの結婚相手はこの惑星の（　（なし）　）性質を持っています。

・第7室の支配星は（　金星　）

　Aさんの結婚相手はこの惑星の（ 愛情豊かで、調和的、おしゃれで、優れた美的感覚の ）性質を持っています。

・第7室の支配星は（　蠍　）座に在住

　Aさんの結婚相手はこの星座の（ 想像力があり、神秘的なことに興味があり、直感的な ）性質を持っています。

・第7室の支配星は（　海王星　）と同室

　Aさんの結婚相手はこの惑星の（ 愛情深く、献身的で、スピリチュアルな ）性質を持っています。

Point

> Aさんの第7室には惑星がないが、第7室支配星は金星で、この金星は蠍座に在住。そこから、パートナーは上記のような性質を持っているのが読み解けます。また、男性は月（妻）、女性は太陽（夫）の「在住する星座」や「同室する惑星」からも、パートナーの性質がわかります。

次の点からも7室をチェック

◈ Point ◈ 7室に在住する惑星がない場合

▶▶▶ 結婚することが人生の中で重要ではないため、恋愛や結婚に関心が薄いことを示しています。

◈ Point ◈ 7室に吉星の木星が入っていて、凶星のアスペクトが何もないなど、7室に吉星の影響しかない場合

▶▶▶ 幸せな結婚をすることができるということを示しています。

◈ Point ◈ 7室に土星、火星、ラーフが入っている、または、土星と火星が両方とも7室にアスペクトするなど、7室に多くの凶星が関わる場合

▶▶▶ 恋愛や結婚、パートナーとの関係において悩むことが多いかもしれませんが、人間関係からの多くの学びがあるはずです。

インド占星術では「7室に多くの凶星が関わる人は好みの相手とは結婚しないほうがいい」という改運法があるんだ。人と調和的な関係を築くことが不得意な相手を好きになりがちだから、あえて好みではない相手を選んだ方が結果的にうまくいくという考えなんだ。

また、7室に多くの凶星が関わる人は、スピリチュアルな運命にある人とも考えられているよ。結婚という現世的な幸せから離れて、スピリチュアルで神秘的な世界や出家の道が切り開かれていくことになるからね。精神的な修行で欲を手放していくことで、神や宇宙の真理を知る神秘的な体験をしていくことになるんだ。

自分の金星も要チェック

金星は恋愛の惑星であり、調和的な人間関係を築く上で大切な惑星。もし金星が傷ついていると、人の気持ちを汲み取ったり、愛情表現や調和的な関係を築いたりすることが困難になるでしょう。

❀ Point ❀ 土星が金星にアスペクトする、または土星と金星がコンジャンクションする（同室にある）などで、金星が抑圧や自己否定を意味する土星によって傷ついている場合

▶▶▶ 恋愛に対して消極的になったり、愛情表現が抑圧されたものになったりする。

❀ Point ❀ 火星が金星にアスペクトする、または火星と金星がコンジャンクションするなどで、金星が積極的で男性的な火星によって傷ついている場合

▶▶▶ 一目惚れしやすく異性に対して過度に積極的になり、複雑な異性関係になりやすくなる。

❀ Point ❀ 金星が快楽主義のラーフとコンジャンクションするなどで、傷ついている場合

▶▶▶ 感覚的快楽や性的な快楽に溺れやすく、不倫や浮気のように異性関係が複雑なものになりやすい。

3 あなたのホロスコープの第 7 室に関わる惑星や星座を書き出して、読み解いてみましょう。

	星座または惑星
第7室に在住する惑星	
第7室の支配星	
第7室支配星が在住する星座	
第7室支配星と同室する惑星	

未婚者や恋人のいない人は理想の相手、既婚者はパートナーのよい面をイメージしながら象意一覧からキーワードを抜き出してみてね。

・第7室には ⬭が在住

私の相手はこの惑星の ⬭

性質を持っています。

・第7室の支配星は ⬭

私の相手はこの惑星の ⬭

性質を持っています。

・第7室の支配星は ⬭座に在住

私の相手はこの星座の ⬭

性質を持っています。

・第7室の支配星は ⬭と同室

私の相手はこの惑星の ⬭

性質を持っています。

7室に火星がある場合、相手は火星の性質を持ちます。火星には勇敢、男らしい、情熱的という性質がある一方で、暴力的、批判的、攻撃的という性質もあります。極端な例でいえば、DVをするパートナーを選んでしまうこともあるということ。ただし、私たちには惑星の意味する性質の中で、悪い／よい特性のどちらが強い人物を選ぶか、そこに自由意志の選択の幅があります。もし7室に凶星の影響があるなら、相手を選ぶ際に人間性をしっかり見るようにしましょう。

WORK 6

ハウスから仕事を
読み解いてみよう

1 第1室に関わる惑星や星座を書き出し、
「どのような仕事に向いているか」を見てましょう。

どのような仕事に適性があるかは、基本的に第1室から読み解けます。
1室は性格や健康だけでなく、その人の能力や才能にも関係しているか
らです。また、たとえ天職とまでいえないとしても、どのような仕事に適
性があるのかがよくわかります。

例）マハトマ・ガンジーさんの場合……

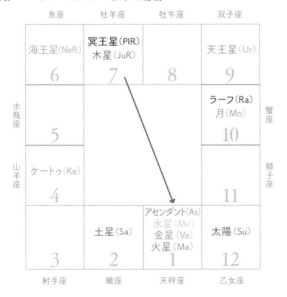

	星座や惑星		
1室の星座	天秤座		
1室に在住する惑星	水星	金星	火星
1室にアスペクトする惑星	木星		

2 第1室に関わる惑星や星座の象意を確認してみましょう。

巻末資料の星座、惑星の象意一覧の「性質・能力」「興味・仕事」からキーワードを書き出します。

・1室の星座は（　天秤　）座

　私は（ コミュニケーション、交渉能力、バランス思考の ）能力があり、

　（　　調和、平和、公平　　）に関心があります。

・1室に（ 水星、金星、火星 ）が在住

　私は（（水星）知識学習、論理的思考（金星）人と調和する、（火星）戦略的思考、戦う ）

　能力があり、（　（水星）専門知識、（金星）平和　）に関心があります。

・1室に（　木星　）がアスペクト

　私は（　　倫理的な判断　　）能力があり、

　（　法律の知識、哲学　）に関心があります。

Point

彼はインド独立の指導者・政治家として有名ですが、職業は弁護士でした。弁護士は、天秤座の公平を図るバランス感覚、水星の知識と知性、火星の戦略的思考力、木星の高い倫理観と法律、知識が十分に活かされた仕事といえます。

3 あなたの第1室に関わる惑星や星座を書き出して、読み解きましょう。

	星座や惑星
1室の星座	
1室に在住する惑星	
1室にアスペクトする惑星	

・1室の星座は （　　　　　　　） 座

　私は （　　　　　　　　　　　　　　　　　） 能力や才能があり、

　（　　　　　　　　　　　　　　　　　　　　） に関心があります。

・1室に （　　　　　　　） が在住

　私は （　　　　　　　　　　　　　　　　　） 能力や才能があり、

　（　　　　　　　　　　　　　　　　　　　　） に関心があります。

・1室に惑星 （　　　　　　　） がアスペクト

　私は （　　　　　　　　　　　　　　　　　） 能力や才能があり、

　（　　　　　　　　　　　　　　　　　　　　） に関心があります。

これらの能力でできる仕事は様々なものがあるよ。できるだけ多くの能力、キーワードを活かせるものが、あなたの適職なんだ。

4 第10室に関わる惑星や星座を書き出し、 「天職や使命」を見てみましょう。

1室からは「その人の能力から、どんな職業が向いているのか」を読み解きました。それに対して、10室からは「天職や使命」といった仕事を見ることができます。10室は、社会的にどのような振る舞いをするか、立場をとるかを表しています。

例）マハトマ・ガンジーさんの場合は……

	星座や惑星
10室に在住する惑星	月、ラーフ
10室の支配星	月
10室にアスペクトする惑星	なし
10室支配星の在住する星座	蟹座
10室支配星と同室する惑星	ラーフ

第10室に関わる惑星や星座の象意を、巻末資料の象意一覧の「性質・能力」「興味・仕事」からキーワードを書き出します。

・10室に（ 月、ラーフ ）が在住

私は社会的に（ (月)愛情深く、心のつながりを大切にする、(ラーフ)エネルギッシュな変革者として ）振る舞います。

・10室の支配星（ 月 ）は（ 蟹 ）座に在住

私は（ コミュニティや国のつながりを大切にする、政治の ）分野や業界で仕事をします。

・10室の支配星（ 月 ）は惑星（ ラーフ ）と同室

私は（ 常識を覆す、変革する ）分野や業界で仕事をします。

Point

ガンジーはイギリスからインドが独立するための政治的指導者でした。10室に在住する月は、母親のように祖国や同胞を思うリーダー気質の惑星、ラーフは常識に縛られず、エネルギッシュに変革する惑星。10室支配星の月が在住する蟹座はコミュニティや国のつながりを大切にする政治的リーダーの星座。ガンジーは弁護士でしたが、政治的な指導者として人々を導いていくことに使命があったといえます。

5 あなたの第10室に関わる惑星や星座を書き出して、読み解きましょう。

10室に惑星がある人は、10室がどのようになっているかとても重要です。

	星座や惑星
10室の支配星	
10室に在住する惑星	
10室にアスペクトする惑星	
10室支配星の在住する星座	
10室支配星と同室する惑星	

・10室は（　　　　　　　）が支配

　私は社会的に（　　　　　　　　　　　　　）振る舞います。

・10室に（　　　　　　　）が在住

　私は社会的に（　　　　　　　　　　　　　）振る舞います。

・10室に（　　　　　　　）がアスペクト

　私は社会的に（　　　　　　　　　　　　　）振る舞います。

・10室支配星の（　　　　　　　）は（　　　　　　　）座に在住

　私は（　　　　　　　　　　　　　）分野や業界で仕事をします。

・10室支配星の（　　　　　　　）は惑星（　　　　　　　）と同室

　私は（　　　　　　　　　　　　　）分野や業界で仕事をします。

次の点からも仕事についてチェック

❈ Point ❈　1室や10室に在住惑星などが何もない場合

▶▶▶ 2室や6室も仕事のハウスです。これらのハウスに惑星がある人は、1室や10室ではなく、こちらのハウスの職業を選ぶこともあります。2室と6室も、132ページで10室について表にまとめたのと同様に、関わる惑星や星座を書き出してみましょう。

❈ Point ❈　太陽に関わる星座や惑星も見てみよう

▶▶▶ 魂の成長の方向性、やりがいを表すため、社会のためにどんなことをするとやりがいがあり、魂が成長していくことができるかを表します。

❈ Point ❈　水星に関わる星座や惑星も見てみよう

▶▶▶ 水星はあなたの知的欲求や思考力を表し、どんな知識や思考を仕事に役立てられるのかを知ることができます。

❈ Point ❈　月に関わる星座や惑星も見てみよう

▶▶▶ 月は心を表し、あなたの心の安らぎを得ること、好きなことを表します。それを仕事に活かしましょう。

	星座や惑星
2室の支配星	
2室に在住する惑星	
2室にアスペクトする惑星	
2室支配星の在住する星座	
2室支配星と同室する惑星	

	星座や惑星
6室の支配星	
6室に在住する惑星	
6室にアスペクトする惑星	
6室支配星の在住する星座	
6室支配星と同室する惑星	

PART 3

自分の

人生を

読み解こう

インド占星術には、人生の道筋を読む未来予測技法が
あります。その読み解き方を解説します。

インド占星術の
未来予測技法

いつ・どんなことが起こる？
ライフイベントを読み解く

　インド占星術でわかることは、ホロスコープに示される性質
や能力だけではありません。就職、結婚、出産、病気など、私
たちにとって重要なライフイベントが、人生のどのタイミング
で起こるのかも予測することができるのです。

　ホロスコープ上の特徴が現実として起こること＝運命サイク
ルを、「ダシャー」といいます。このダシャーを使う未来予
測技法こそ、インド占星術最大の特徴といえるでしょう。ダ
シャー・システムで重要となるのが、月星座「ナクシャトラ」です。
インド占星術では、PART1 の「西洋占星術とは何が違うの？」
でも触れたように、月が精神面に与える影響をとても重要視し
ます。ナクシャトラは人の性質を表すと同時に、ダシャー・シ
ステムの運命サイクルを決定づける要素になるのです。

ナクシャトラという 27 の月星座

No	ナクシャトラ	和名	起点の位置	支配星
1	Ashvini（アシュヴィニー）	婁宿（ろうしゅく）	牡羊座 00:00	ケートゥ
2	Bharani（バーラニー）	胃宿（いしゅく）	牡羊座 13:20	金星
3	Krittika（クリティッカ）	昴宿（ぼうしゅく）	牡羊座 26:40	太陽
4	Rohini（ローヒニー）	畢宿（ひつしゅく）	牡牛座 10:00	月
5	Mrigashirasha（ムリガシラー）	觜宿（ししゅく）	牡牛座 23:20	火星
6	Ardra（アールドラー）	参宿（しんしゅく）	双子座 06:40	ラーフ
7	Punarvasu（プナルヴァス）	井宿（いしゅく）	双子座 20:00	木星
8	Pushya（プシャー）	鬼宿（きしゅく）	蟹座 3:20	土星
9	Ashlesha（アーシュレーシャー）	柳宿（りゅうしゅく）	蟹座 16:40	水星
10	Magha（マガー）	星宿（せいしゅく）	獅子座 00:00	ケートゥ
11	Purva Phalguni（プールヴァ・パルグニー）	張宿（ちょうしゅく）	獅子座 13:20	金星
12	Uttara Phalguni（ウッタラ・パルグニー）	翼宿（よくしゅく）	獅子座 26:40	太陽
13	Hasta（ハスタ）	軫宿（しんしゅく）	乙女座 10:00	月
14	Chitra（チトラ）	角宿（かくしゅく）	乙女座 23:20	火星
15	Swati（スワティ）	亢宿（こうしゅく）	天秤座 06:40	ラーフ
16	Vishakha（ヴィシャーカー）	氐宿（ていしゅく）	天秤座 20:00	木星
17	Anuradna（アヌラーダー）	房宿（ぼうしゅく）	蠍座 03:20	土星
18	Jyeshtha（ジェシュタ）	心宿（しんしゅく）	蠍座 16:40	水星
19	Mula（ムーラ）	尾宿（びしゅく）	射手座 00:00	ケートゥ
20	Purva Ashadha（プールヴァ・アーシャダー）	箕宿（きしゅく）	射手座 13:20	金星
21	Uttara Ashadha（ウッタラ・アーシャダー）	斗宿（としゅく）	射手座 26:40	太陽
22	Shravana（シュラヴァナ）	女宿（じょしゅく）	山羊座 10:00	月
23	Dhanishtha（ダニシュター）	虚宿（きょしゅく）	山羊座 23:20	火星
24	Shatabhisha（シャタビシャー）	危宿（きしゅく）	水瓶座 06:40	ラーフ
25	Purva Bhadrapada（プールヴァ・バドラパダー）	室宿（しつしゅく）	水瓶座 20:00	木星
26	Uttara Bhadrapada（ウッタラ・バドラパダー）	壁宿（へきしゅく）	魚座 03:20	土星
27	Revati（レーヴァティー）	奎宿（けいしゅく）	魚座 16:40	水星

月が約 27 日かけて天空を一周することに対応したもので 13 度 20 分ずつ均等に分割されます（12星座同様、牡羊座の 0 度にはじまり、最後のナクシャトラは魚座の 30 度で終わる）。9 惑星が 3 回めぐる形でナクシャトラを支配します。

ヴィムショタリ・ダシャー・システムとは

インド占星術で最も重要な
未来予測技法

　ダシャー・システムにはさまざまな種類がありますが、よく使われ、的中率が高いことでも知られるのが「ヴィムショタリ・ダシャー・システム」です（ヴィムショタリは120という意味）。9つの惑星にもとづくサイクルで、各惑星の時期が順にめぐり、120年で一回りします（次ページ参照）。例えば、あなたが今、土星の時期にあれば土星に関わるハウスの特徴が現象化しやすいとされます。

　ヴィムショタリ・ダシャーは、生まれたときの月の位置を基点に展開します。あなたのホロスコープから月の位置があてはまるナクシャトラを見てみましょう。該当するナクシャトラを「ジャンマ・ナクシャトラ」と呼び、その支配星がヴィムショタリ・ダシャーの最初の惑星期となります。

120 年で 1 周する惑星のサイクル

支配星	年数
ケートゥ	7 年
金星	20 年
太陽	6 年
月	10 年
火星	7 年
ラーフ	18 年
木星	16 年
土星	19 年
水星	17 年
合計	120 年

惑星サイクルの順番と期間は決まっていて、惑星ごとに期間の長さは変わります。

ジャンマ・ナクシャトラの支配星が、あなたのヴィムショタリ・ダシャー最初の惑星期に当たります。

ヴィムショタリ・ダシャーの 5 段階

マハー・ダシャー	10 年単位の周期。支配星は現象の大きな傾向を表す
アンタル・ダシャー	数年単位の周期。惑星の示す範囲内でのより細かな傾向を表す
プラティアンタル・ダシャー	数か月単位の周期。支配星は実際に物事が現象化する正確な時期を表す
スークシュマ・ダシャー	数週間単位で正確な時期を表す
プラーナ・ダシャー	数日単位で正確な時期を表す

本書ではマハー・ダシャー、アンタル・ダシャーから運命サイクルを読み解いていくよ。

マハー・ダシャーと
アンタル・ダシャー

それぞれの惑星と期間が示すもの
ヴィムショタリ・ダシャーの見方

　インド占星術でホロスコープを作成すると、右ページのような「ヴィムショタリ・ダシャー」も作成されます。一番左に表示される惑星の「マハー・ダシャー」は、最長で金星期の20年間、最短で太陽期の6年間という長い周期で、人生の大きな流れ、大運を見るのに使います。マハー・ダシャーの惑星の特徴は仕事、趣味、夫婦関係、子育てなど、その惑星期間に意識が向かう人生テーマとして表れます。そのため、惑星が切り替わるタイミングが、人生の転機になります。

　次の数年単位の周期を、「アンタル・ダシャー」といいます。最も長い惑星期で3年程度なので、中期的な流れを見るのに使います。ここでは概要の説明にとどめ、具体的なリーディング法は142ページ以降で紹介します。

マハー・ダシャーとアンタル・ダシャーの見方

例）1921年2月生まれの石川源晃さん（西洋占星術研究家）の場合は……

10年単位の
周期

**マハー・
ダシャー**

数年単位の
周期

**アンタル・
ダジャー**

	年齢	開始日	終了日
木星 期		1921年02月11日	1924年02月11日
感星期	年齢	開始日	終了日
火星 期	0	1921年02月11日	1921年09月15日
土星 期		1924年02月11日	1943年02月11日
感星期	年齢	開始日	終了日
土星 期	3	1924年02月14日	1927年02月14日
水星 期	6	1927年02月14日	1929年10月23日
ケートゥ期	8	1929年10月23日	1930年12月01日
金星 期	9	1930年12月01日	1934年02月01日
太陽 期	13	1934年02月01日	1935年01月13日
月 期	14	1935年08月13日	1936年08月13日
火星 期	15	1936年08月13日	1937年09月22日
ラーフ 期	16	1937年09月22日	1940年07月28日
木星 期	19	1940年07月28日	1943年02月11日
水星 期		1943年02月11日	1960年02月11日
感星期	年齢	開始日	終了日
水星 期	22	1943年02月11日	1945年07月10日
ケートゥ期	24	1945年07月10日	1946年07月10日
金星 期	25	1946年07月06日	1949年05月06日
太陽 期	28	1949年05月06日	1950年03月12日
月 期	29	1950年08月12日	1951年08月12日
火星 期	30	1951年08月12日	1952年08月08日
ラーフ 期	31	1952年02月26日	1955年02月26日
木星 期	34	1955年02月26日	1957年06月04日
土星 期	36	1957年06月04日	1960年02月11日

マハー・ダシャー

マハー・ダシャー	期間のはじまり
木星期	1921 年 2 月
土星期	1924 年 2 月
水星期	1943 年 2 月

アンタル・ダジャー
（マハー・ダシャーは土星期のもの）

アンタル・ダシャー	期間のはじまり
土星期	1924 年 2 月
水星期	1927 年 2 月
ケートゥ期	1929 年 10 月
金星期	1930 年 12 月
太陽期	1934 年 2 月
月期	1935 年 1 月
火星期	1936 年 8 月
ラーフ期	1937 年 9 月
木星期	1940 年 7 月

ヴィムショタリ・ダシャーの見方

大きな運気の流れをつかむ
簡単なリーディング方法

　　人生の大きな流れや転換期は、マハー・ダシャーのサイクルからつかむことができます。その惑星期間中は、右ページにまとめた惑星の意味合いにまつわることが、現実の出来事として起こります。マハー・ダシャーはサイクルが長いので、そのときはピンと来ませんが、後になって振り返ってみると「そういう期間だったな」と実感することができるでしょう。

　　また、ホロスコープに示された出来事がいつ起こるかも、ヴィムショタリ・ダシャーから予測できます。例えば、出生図で結婚や恋愛を表すのは7室。その7室に在住する惑星のダシャーや7室の支配星のダシャーの時期が来れば、その時期に結婚や出会いのタイミングがやってきます。人生の大きな転換期は、惑星サイクルが切り替わる前後に訪れるのです。

各惑星サイクルの象意

惑星	（その時期の意味、テーマ、興味を持つこと）
ケートゥ	内省、引きこもり、失う、別れ、孤独、スピリチュアル、執着を手放す、浄化、禁欲、修行、神秘的な世界の探求、霊感、隠遁、外国、病気、地位や富の損失、出家
金星	恋愛、結婚、芸術、アート、音楽、美容、ファッション、おしゃれ、快適な暮らし、喜び、社交、楽しみ、遊び、快楽、乗り物、贅沢、人気、異性トラブル
太陽	精神性、崇高な生き方、自己啓発、活動的、純粋さ、人生の目的、使命、健康、仕事、父親、政府、公のための活動、権力、地位の向上
月	内省、旅行、情緒、恋愛、家庭の幸福、母親、母性愛、芸術、想像、文化
火星	エネルギッシュ、挑戦、競争、冒険、情熱、スポーツ、アグレッシブ、自己主張、争い、戦い、喧嘩、怒り、怪我、事故、暴力
ラーフ	欲望、挑戦、子ども、転換期、思い切った決断、交流、エネルギッシュ、物質的な繁栄、楽しみ、外国、混乱、暴走、快楽にふける、病気、身内の不幸、地位や富の損失
木星	幸運、子ども、拡大発展、繁栄、守護、智慧、真理の探求、教育、グル（先生・師匠）、スピリチュアル、哲学、精神性、道徳性、宗教、慈善、聖地巡礼、神事、説法
土星	安定した生活、責任と義務、現実的、伝統、現実化する力、抑圧や制限、忍耐力を養う、試練と成長、苦悩、障害、病気、身内の不幸、解任
水星	好奇心、学習、教育、知識や情報を得る、情報収集と発信、コミュニケーション、書くこと、移動、小旅行、楽しみ、恋愛、ビジネス

例えば、15 〜 35 歳で金星期のマハー・ダシャーが来ていれば、その期間中は、金星の象意である楽しいこと、恋愛・結婚などの異性関係、アート、音楽などに関心を持ちます。木星期が来ていれば（木星は 16 年周期なので 15 〜 31 歳）、道徳的なこと、精神的なこと、宗教的なことに関心を持つことになるでしょう。

マハー・ダシャーで見る
星座からの意識

惑星サイクル、星座、ハウスの影響から
ライフイベントの時期を分析する

　私たちは一生を通じて、太陽や月が在住する星座の影響を強く受けますが、同時に、マハー・ダシャーの惑星が在住する星座やハウスの影響も受けています。その影響によっては、たとえ仕事が変わっていなくても、人生の方向性や中心となるテーマへの意識が変化したりします。そのため、行動力があればマハー・ダシャーの分岐点で劇的に人生が変わることもあります。

　人生の流れを具体的に読み解くには、星座、惑星、ハウスの象意を絡めて複合的に判断します。ダシャーの各惑星の時期は、ホロスコープ上でその惑星と惑星が在住する星座、さらに惑星が在住・支配するハウスの象意が現実化するタイミングを表しています。

例）石川源晃さんのマハー・ダシャーによれば……

マハー・ダシャー

① 木星期	1921 年 2 月〜 1924 年 2 月（0〜2 歳）
② 土星期	1924 年 2 月〜 1943 年 2 月（2〜21 歳）
③ 水星期	1943 年 2 月〜 1960 年 2 月（21〜38 歳）

	魚座	牡羊座	牡牛座	双子座
	金星（Ve） 火星（Ma） 月（Mo） 3	ケートゥ（Ke） 4	5	冥王星（PlR） 6
水瓶座	水星（Me） 天王星（Ur） 2			海王星（NeR） 7	蟹座
山羊座	太陽（Su） アセンダント（As） 1			木星（JuR） 8	獅子座
	12	11	ラーフ（Ra） 10	土星（SaR） 9
	射手座	蠍座	天秤座	乙女座

① 1921 年 2 月の誕生時は木星期に当たるので、この時期は木星の在住する獅子座の影響を受ける。

② 1924 年 2 月（2 歳）から土星期に入る。土星は乙女座に在住。この時期は乙女座の影響を受ける。

③ 1943 年 2 月（21 歳）からは水星期。水星は水瓶座に在住するので、この時期は水瓶座の影響を受ける。

WORK 7

ヴィムショタリ・ダシャーから 過去、現在、未来を 読み解いてみよう

1 マハー・ダシャーの惑星、星座、ハウスを 書き出し、意識の変化を知りましょう。

同じく石川さんを事例に、惑星とハウスも絡めて人生の変遷を読み解きます。
星座や惑星の影響はその時期の思考や意識に影響を与え、ハウスは現実の
具体的な行動や出来事として表れます。

例) 石川源晃さんのマハー・ダシャー (141 ページ) と、
ホロスコープ (145 ページ) を見ながら次の表をまとめてみました。

マハー・ダシャー

		はじまり	年齢	星座	在住ハウス	支配ハウス
Ⓐ	木星	1921 年 2 月	0 歳～	獅子座	8 室	3 室、12 室
Ⓑ	土星	1924 年 2 月	2 歳～	乙女座	9 室	1、2 室
Ⓒ	水星	1943 年 2 月	21 歳～	水瓶座	2 室	6、9 室
Ⓓ	ケートゥ	1960 年 2 月	38 歳～	牡羊座	4 室	なし
Ⓔ	金星	1967 年 2 月	45 歳～	魚座	3 室	5、10 室
	太陽	1987 年 2 月	65 歳～	山羊座	1 室	8 室

マハー・ダシャーの変遷は、後天的に獲得する能力を示すことともあるよ。子どもの頃、不得意だったことが、マハー・ダシャーの切り替わりによって人生のある時期から興味を持ち、できるようになることも。これは、マハー・ダシャーによる意識や興味の変遷によるものなんだ。

Ⓐ 誕生時は木星期に

物心つく前の0〜2歳までは、8室の獅子座に在住する時期でした。8室は困難な時期であったことを表しています。石川さんは東京生まれですが、この期間に関東大震災が起きています。

Ⓑ 学問に熱中した土星期

2〜21歳、成人するまでの期間は土星期。土星は1室と2室を支配し、乙女座の9室に在住。9室は高度な学問を学ぶハウスであり、乙女座は知識を学ぶことが大好きな星座であるため、この期間は高度な学問を学ぶことに熱心だったことでしょう。実際、小学校から高校までは学習院、大学は東京工業大学と、高度な教育を受けていました。

Ⓒ 働きはじめた水星期

仕事のキャリアを形成していく21〜38歳は水瓶座に在住する水星期でした。水瓶座は科学者、技術者、発明家の星座。水星は最先端科学技術を得意とし、天才性を発揮する天王星とも近い度数でコンジャンクションし、この分野でのとても優れた才能を与えています。水星は雇われの仕事を意味する6室と高度な学問を意味する9室を支配し、仕事や収入を表す2室に在住しています。この時期は水瓶座の最先端テクノロジーの世界で技術者、発明家として働き成功しています。

Ⓓ 占星術に目覚めた ケートゥ期

38〜45歳は牡羊座の4室に在住しています。この頃に占星術と出会い、アラン・レオさんの占星術を勉強しはじめています。ケートゥは内省し、神秘的な知識に関心を持つ時期。また、このケートゥは智慧や占星術を意味する木星からのアスペクトも受けています。牡羊座は新たなことにチャレンジする星座です。神秘的な知識である占星術を通して、自らの人生を内省し研究していたと考えられます。

Ⓔ 占星術を天職とした 金星期

次の金星期は45〜65歳です。金星は自己実現の5室、天職の10室を支配し、趣味や自己表現の3室に在住。在住する魚座はスピリチュアルで占い好きの星座です。占星学の研究論文を発表しはじめたのは、金星期に入って8年目のとき。金星期がはじまり、興味や人生の中心が魚座のスピリチュアルなものへと意識の変化が起こっていました。この金星は楽しみや喜びを表す幸運の惑星です。10室の天職を通して5室の自己実現ができる最も人生の喜びを謳歌した20年だったことでしょう。

アンタル・ダシャーもチェック

マハー・ダシャーが人生の大きな流れを見るのに対して、アンタル・ダシャーは
より具体的な出来事がいつ起こるかを見るために使います。アンタル・ダシャー
に関わる惑星とハウスから、具体的な出来事や内面的な変化を読みとくポイン
トをご紹介します。

❀ Point ❀ 幸運な時期を見る

①ダシャーの惑星が吉星の時期。 ▶▶▶ その惑星の象意、在住するハウ
スのよいことが起こる。

②ダシャーの惑星が高揚、ムーラ ▶▶▶ その惑星の象意や支配するハウ
トリコーナ、定座にいる。 ス、在住するハウスのよいこと
が起こる。

③ダシャーの惑星が幸運のトリ ▶▶▶ ダシャーの惑星が在住するハウ
コーナ・ハウスの支配星である。 スのよいことが起こる。

④ダシャーの惑星がトリコーナ・ハ ▶▶▶ ダシャーの惑星の支配するハウ
ウスに在住する。 スや惑星の象意のよいことが起
こる。

⑤ダシャーの惑星が吉星と同室し ▶▶▶ そのダシャーの惑星の象意や在
たり、アスペクトを受けたりする。 住するハウス、支配ハウスのよ
いことが起こる。

❀ Point ❀ 試練や困難、成長の時期を見る

①ダシャーの惑星が凶星、もしく ▶▶▶ 試練や困難な出来事が起こる。
は減衰やドゥシュタナハウスと関 ただし、それは気づきと成長の
わる。 時期でもある。

②ダシャーの惑星が凶星の時期で ▶▶▶ 基本的には相殺されることなく、
もトリコーナ・ハウスと関わるな 両方が現実化すると考える。土
ど、よい影響と困難な影響が同 星やケートゥなどの凶星の時期
時にある。 は困難なことが起こりそうだが、
トリコーナ・ハウスが関係してい
るとよいことが起こる。

2 あなたのヴィムショタリ・ダシャーから過去、現在、未来を描いてみましょう。

インド占星術を通して過去を振り返ることは、様々な経験から何を学んだか、あなた自身の人生にどんな意味があったのかを振り返ること。そして、今が人生の流れの中でどんなときなのか、未来へどのようにつなげていくのかを考えることでもあります。

マハー・ダシャー

ケートゥ 期		1980年06月28日	1982年09月21日
惑星期	年齢	開始日	終了日
木星 期	0	1980年06月28日	1980年08月13日
土星 期	0	1980年08月13日	1981年09月22日
水星 期	1	1981年09月22日	1982年09月21日

金星 期		1982年09月21日	2002年09月21日
惑星期	年齢	開始日	終了日
金星 期	2	1982年09月21日	1986年01月21日
太陽 期	6	1986年01月21日	1987年01月21日
月 期	7	1987年01月21日	1988年09月21日
火星 期	8	1988年09月21日	1989年11月21日
ラーフ 期	9	1989年11月21日	1992年11月21日
木星 期	12	1992年11月21日	1995年07月21日
土星 期	15	1995年07月21日	1998年09月21日
水星 期	18	1998年09月21日	2001年07月21日
ケートゥ 期	21	2001年07月21日	2002年09月21日

アンタル・ダシャー

① インド占星術研究プロジェクト（https://www.ayurvedalife.jp/indian_jyotish/）でホロスコープを作成した際は、ホロスコープ画面の下へスクロールすると、ダシャーの一覧も出てきます。

----

② あなたのマハー・ダシャーを次のページの表にまとめてみましょう。

人生は多面的で複雑。ホロスコープとダシャーを総合的に見て、人生を柔軟にとらえ、受け入れて、自分の成長と喜びに変えていくことが大切なんだ。

| | 魚座 | 牡羊座 | 牡牛座 | 双子座 |

水瓶座

山羊座

蟹座

獅子座

射手座　蠍座　天秤座　乙女座

> あなたのホロスコープもこのページに書き込んでおくとわかりやすくなります。1〜12室まで、ハウスも書き込んでおきましょう。

マハー・ダシャー期	はじまり	年齢	星座	在住ハウス	支配ハウス

マハー・ダシャーのダシャー期が変わる年齢の頃に、あなたの人生の転機が訪れます。大きな出来事が起こることもありますが、人生の方向性や興味関心の変化など、内的な意識の変化が起こることが多いものです。

物心がついてからの3つのダシャー期について過去を振り返り、今を知り、未来について考えてみよう。

1
過去

現在より、ひとつ前のダシャー期では、どんなことがあったのかわかっています。その期間のことを思い出しながら、各星座・惑星の当てはまるキーワードを巻末資料の象意一覧の「性質・能力」「興味・仕事」や143ページの表から探して書き出してみましょう。

- ＿＿＿＿＿＿＿期は惑星のキーワードは

  ＿＿＿＿＿＿＿＿＿＿＿＿＿＿＿＿＿＿＿＿＿＿です。

- 星座は＿＿＿＿＿＿＿座にあり、この星座のキーワードは

  ＿＿＿＿＿＿＿＿＿＿＿＿＿＿＿＿＿＿＿＿＿＿です。

- この惑星は＿＿＿＿＿＿＿室に在住し、この時期の中心と

  なってくるテーマは＿＿＿＿＿＿＿＿＿＿＿＿＿＿＿です。

- この惑星は＿＿＿＿＿＿＿室を支配し、この時期のテーマは

  ＿＿＿＿＿＿＿＿＿＿＿＿＿＿＿＿＿＿も関わってきます。

- この惑星はもうひとつ＿＿＿＿＿＿＿室を支配し、

  この時期のテーマは＿＿＿＿＿＿＿＿＿＿＿も関わってきます。

  ※太陽と月は支配星がひとつなので、この最後の項目はありません。

当てはまると思う過去の思い出はあった？　過去を踏まえて、次に、現在を見てみよう。

2
— 現在

現在のダシャー期について、すでに過ぎた時期を振り返り、そして、今感じること、望むことを 151 ページと同じようにキーワードを書き出してみましょう。

- ＿＿＿＿＿＿＿期は惑星のキーワードは

  ＿＿＿＿＿＿＿＿＿＿＿＿＿＿＿＿＿＿＿＿＿＿＿ です。

- 星座は ＿＿＿＿＿＿＿座にあり、この星座のキーワードは

  ＿＿＿＿＿＿＿＿＿＿＿＿＿＿＿＿＿＿＿＿＿＿＿ です。

- この惑星は ＿＿＿＿＿＿＿室に在住し、この時期の中心と

  なってくるテーマは ＿＿＿＿＿＿＿＿＿＿＿＿＿＿＿ です。

- この惑星は ＿＿＿＿＿＿＿室を支配し、この時期のテーマは

  ＿＿＿＿＿＿＿＿＿＿＿＿＿＿＿＿＿＿＿ も関わってきます。

- この惑星はもうひとつ ＿＿＿＿＿＿＿室を支配し、

  この時期のテーマは ＿＿＿＿＿＿＿＿＿ も関わってきます。

今の状態と照らし合わせてどう？　自分の過去、現在を通して、最後に未来のビジョンを見てみよう。

3
未来

まだ訪れていない未来のダシャー期は、あなたが将来やってみたいこと、未来に望むことを、151ページと同じようにキーワードを書き出してみましょう。

- ＿＿＿＿＿＿＿期は惑星のキーワードは

  ＿＿＿＿＿＿＿＿＿＿＿＿＿＿＿＿＿＿＿＿＿です。

- 星座は＿＿＿＿＿＿座にあり、この星座のキーワードは

  ＿＿＿＿＿＿＿＿＿＿＿＿＿＿＿＿＿＿＿＿＿です。

- この惑星は＿＿＿＿＿＿室に在住し、この時期の中心と

  なってくるテーマは＿＿＿＿＿＿＿＿＿＿＿＿＿＿＿です。

- この惑星は＿＿＿＿＿＿室を支配し、この時期のテーマは

  ＿＿＿＿＿＿＿＿＿＿＿＿＿＿＿＿も関わってきます。

- この惑星はもうひとつ＿＿＿＿＿＿室を支配し、

  この時期のテーマは＿＿＿＿＿＿＿＿＿も関わってきます。

人生の未来の流れを理解することは、生まれる前に立ててきた魂の計画を思い出していくプロセス。でも、運命が決まっているわけではないよ。今の思い、未来への希望、どんな人生を生きたいのか、魂の声に耳を傾けて未来を思い描いてみて。

私は、転職して成功するタイプ？
転職に向いている時期は？

今している副業を本業にしたいと考えています。ホロスコープから見て、転職していいのでしょうか？

魚座	牡羊座	牡牛座	双子座
8	水星（Me） 火星（Ma） 太陽（Su） 金星（Ve） 9	10	11
水瓶座 7			ラーフ（Ra） 12 蟹座
山羊座 ケートゥ （Ke） 6			アセンダント （As） 1 獅子座
海王星 （NeR） 5	天王星 （UrR） 4	月（Mo） 3	木星（JuR） 土星（SaR） 冥王星（PlR） 2
射手座	蠍座	天秤座	乙女座

マハー・ダシャーと
アンタル・ダシャー

水星期	
木星期	2019年3月～
土星期	2021年6月～

ケートゥ期	
ケートゥ期	2024年3月～
金星期	2024年8月～

金星期	
金星期	2031年3月～

あなたの仕事・成功運は……

牡羊座に惑星が集中するあなたは、本当にやりたいと思うことをしないで生きると強いストレスになるかも。安定して生きることより、常に変化のあるダイナミックな人生の方が合っています。また、幸運のハウスである9室に惑星が集中するあなたは幸運な人です。粘り強くやり続ければ、きっと夢を形にすることができるでしょう。

また、2021年6月より、マハー・ダシャー水星期の最後のアンタル・ダシャー土星期が到来。この時期に出会ったこと、考えたことは次のケートゥ期の人生を決定づけます。本気で転職を考えるならば、2021年～の数年間が絶好のタイミングです。そして、2024年からの"内省"のケートゥ期が、2031年からの最も人生で輝く金星期の下積みの時期になるでしょう。

＼＼プラスアドバイス／／
恋愛・結婚運は……

結婚の7室に在住惑星はなく、結婚に関心が薄いことを表しています。結婚をしないことで不幸に思うことが少ない人のようです。本当に関心がないのであれば、周囲の声に従って無理に結婚することはありません。7室に惑星がないけれど結婚したいと考えているならば、結婚に対して積極的な行動が必要となります。

結婚運が気になります……！ 幸せな結婚生活を送るためには？

Dさん
（30代・会社員）

パートナーと幸せな結婚生活を送るために、気をつけることは何でしょうか。教えてください。

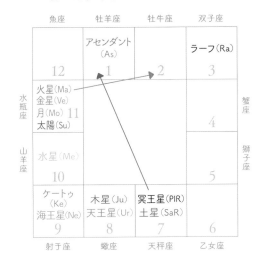

あなたの恋愛・結婚運は……

パートナーを示す7室には土星が在住。責任感が強く真面目な相手が想像されます。7室の支配星の金星は水瓶座にあり、あなた自身を表す1室の支配星と同じ星座に在住しているため、共通の価値観を持った方ではないでしょうか。7室の支配星が優しく愛情深い月、情熱的なリーダーを表す太陽と同室なので、面倒見のよい頼れる面が、また、男らしさを象徴する火星とも同室しているのでプライドが高く頑固な面もありそう。言葉を表す2室に火星のアスペクトがあります。2室に火星の影響がある人は、人を傷つけるようなきつい言葉になっている可能性も。幸せな結婚生活のために使う言葉を選ぶことがポイントです。

\\プラスアドバイス//
仕事・成功運は……

土星が高揚し、1室にアスペクト。土星の意味する責任感や忍耐力を人一倍持っています。水瓶座は常識に縛られず、広い視野でものごとを見ることができます。そんなあなたは管理職の能力を十分に持っています。また、水瓶座はとことん突き詰めていく専門家の星座。専門職、管理職どちらでも才能を発揮できるでしょう。
責任感の強さから頑張りすぎてしまい、健康を損なってしまう恐れも。心と体の声に耳を傾け、よく休息を取りながら仕事に取り組むと成功するでしょう。

COLUMN *3*

❦

インド占星術と「ヨーガ」

　インド占星術の特徴のひとつにヨーガという概念があります。ヨーガというと、体を動かすヨーガのことを思い浮かべると思いますが、インド占星術で使われるヨーガとは、惑星やハウスの特定の結びつきを表す言葉です。これは運命を知る公式のようなものです。

　ヨーガを読み解くことで、インド占星術の真価が発揮されます。例えば、仕事運を見るときに必ず使うヨーガとして、成功者の配置であるラージャ（王者）・ヨーガや金運を表すダーナ（富）・ヨーガがあります。これらとヴィムショタリ・ダシャーを組み合わせることで、人生の中でいつ成功という幸運が訪れるのかを正確に知ることができます。インド占星術が的確な予言ができる秘密のひとつが、このヨーガなのです。

PART *4*

インド占星術と

アーユルヴェーダ

で見る体質

インドの伝統医学とされるアーユルヴェーダと合わせて、
体質をチェックする方法を解説します。

アーユルヴェーダって
何ですか？

インドで生まれた「生命の科学」で
自分の心と体を見つめよう

　アーユルヴェーダは、インドで5000年以上の歴史を持つ伝承医学です。宇宙の根本原理を説くヴェーダの教えのひとつで、インド占星術とも密接に関わっています。語源はサンスクリット語のアーユス（生命・寿命）＋ヴェーダ（科学・知識）で、日本では生命科学と訳されています。

　西洋医学のように病気の症状を取り除くのではなく、アーユルヴェーダはより健康に、長寿や若さを保つことを目的とした予防医学です。アーユルヴェーダには、幸福とは「なる」ものではなく「気づく」ものという考え方があります。健康な体と心を得ることで、自分の内側にある幸福に気づくこと、これが目指すところです。この章では、インド占星術とかけ合わせることで自分の体質を読み解き、「気づき」を得ていきましょう。

アーユルヴェーダの「健康」

　身体のエネルギーバランスがとれている状態に加えて、アーユルヴェーダでは、心・五感・魂が至福に満ちていることが健康の条件であると定義づけています。つまり、幸福とは、外から「何かを得てなるもの」ではなく、見るもの触れるものすべてに幸せを感じられる「健康な自分に気づくこと」であるという考え方です。

生まれつきの体質
"ドーシャ"を知る

５つの元素から構成された
私たちの体を動かすエネルギー

　アーユルヴェーダでは、自然界のすべてのものは「地」「水」「火」「風」「空」の５つの元素（エネルギー）で構成されると考えられています。私たちの体質はこの５つの元素のバランスによって、ヴァータ、ピッタ、カパに大別され、この３つの体質のことを「ドーシャ」と呼びます。ヴァータは空・風の要素で乾燥や軽さ、ピッタは水・火の要素で熱や鋭さ、カパは水・土の要素で重さや遅さ、といった性質を持っています。

　これら３種類のドーシャのバランスは一人一人異なります。アーユルヴェーダでは、バランスのとれた状態を健康と位置づけ、バランスが崩れると心と体の健康を損なうと考えます。インド占星術を通して、どのようなドーシャのバランスを生まれつき持っているか知ることができます。確認してみましょう。

ドーシャとそれぞれの特徴

ヴァータ

元素 空、風　　性質 乾燥、動き

**プラスに働いている
ときの特徴**
<調和のとれたヴァータ>

創造性豊か、情熱的、直感的、楽観的、
頭脳明晰、寛大、繊細

**マイナスに働いている
ときの特徴**
<不調和なヴァータ>

不眠、不安、緊張、過敏、情緒不安定、過労、
体力喪失、話しすぎる、便秘、疼痛

**かかり
やすい病気**

坐骨神経痛、冷え性、頭痛、腰痛症、不眠症、肩こり、
パーキンソン病、心疾患、痛風、顔面麻痺、便秘症、
骨性疾患、大腸性疾患、精神病

ピッタ

元素 水、火　　性質 熱、鋭さ

**プラスに働いている
ときの特徴**
<調和のとれたピッタ>

勇気がある、集中力アップ、誠実、知性的、
知識欲旺盛、信仰心厚い、リーダーシップ、
食欲旺盛、快便

**マイナスに働いている
ときの特徴**
<不調和なピッタ>

批判的、イライラする、怒りっぽくなる、口渇、多汗、
口臭腋臭、下痢、ホクロ、湿疹、発熱

**かかり
やすい病気**

胃潰瘍、十二指腸潰瘍、胃炎、胃ガン、肝臓、
すい臓疾患、胆石症、胆のう疾患、眼疾患、血液疾患、
アトピー性皮膚炎、心臓病、精神病、アルコール中毒

カパ

元素 水、土　性質 油性、停止

| プラスに働いている
ときの特徴
<調和のとれたカパ> | 思いやりがある、集中力アップ、愛情豊か、
母性的、忍耐力あり、安定性、記憶力アップ、
体力アップ |

| マイナスに働いている
ときの特徴
<不調和なカパ> | 怠惰、執着、頑固、恐怖心、けち、過眠傾向、
憂うつ、肥満 |

| かかり
やすい病気 | 気管支炎、喘息、糖尿病、アレルギー性鼻炎、花粉症、
関節炎、腫瘍、肥満症、風邪、むくみ、腹部疾患、
泌尿器疾患、粘液性疾患、抑うつ病 |

3つのドーシャと体の関わり

いずれかのドーシャ体質に偏りがあると、それに関係する体の部位が弱くなりがちです。

ヴァータ	ピッタ	カパ
骨 神経 皮膚 耳 大腸	血液、皮膚 胆汁、胆嚢 すい臓、胃腸 眼	関節、粘膜 呼吸器 筋肉、鼻 喉

3つのドーシャがそれぞれ多くなるとき

	ヴァータ	ピッタ	カパ
季節	雨期、冬に増大	秋に増大	春に増大
年齢	老年期（55歳～）に増大	青年・中年（16～55歳）に増大	小児期～16歳に増大
時間帯	食事・消化・日中・夜の終わりに増大	食事・消化・日中・夜の中間に増大	食事・消化・日中・夜のはじめに増大
食べ物の味	辛・苦・渋味により増加	辛・酸・塩味により増加	甘・酸・塩味により増加

心のエネルギー源
サットヴァ、ラジャス、タマス

　アーユルヴェーダでは、体の基礎になるエネルギーのヴァータ、ピッタ、カパという3つのドーシャに対して、心の基礎となるエネルギーをグナと呼んでいます。

　グナにはサットヴァ、ラジャス、タマスという3種類があります。サットヴァは純粋性、静的原理、光、至福、ラジャスは動性、動的原理、熱、喜怒哀楽、発散、タマスは惰性、停滞的原理、無知、無気力、迷妄、闇という意味です。

　ラジャス（動性）が増加すると、活動的になりすぎたり、怒りやイライラが出たりし、ヴァータやピッタを増大させます。タマス（惰性）が増加すると怠惰となり、精神活動が停滞し、カパを増加させます。純粋性であるサットヴァが増大すると、体の3つのドーシャのバランスを整えるように働き、精神的には、愛情や優しさ、正しい知性をもたらします。このようにグナとドーシャは結びついて考えられています。

惑星とドーシャの
関わりについて

私たちの心と体に影響を与える
9惑星＋土星外惑星のドーシャ

　インド占星術（天文学）と深くつながるアーユルヴェーダ（医学）では、私たちの人生はもちろん、心と体も惑星の影響を受けていると考えます。

　私たちそれぞれが異なるドーシャ（体質）を持つように、惑星にもそれぞれドーシャが対応します。右ページは惑星のドーシャを図式でまとめたものです。従来のインド占星術では使わない天王星、海王星、冥王星の土星外惑星もドーシャと対応し、体質に影響を与えるのです。あなたのアセンダントはどの星座にあり、どの惑星の支配を受けていますか？　例えば、アセンダントが山羊座なら支配星は土星。そのため、ヴァータの影響が強い体質ということになります。詳しくはWORK 8（171ページ）で読み解きます。

惑星と3つのドーシャの対応図

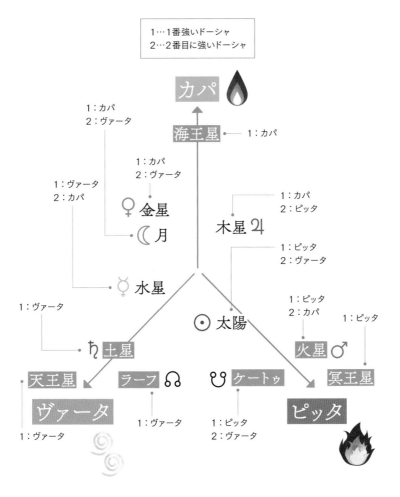

1…1番強いドーシャ
2…2番目に強いドーシャ

カパ

海王星 ● — 1：カパ

1：カパ
2：ヴァータ

1：カパ
2：ヴァータ

1：カパ
2：ピッタ

1：ヴァータ
2：カパ

♀ 金星

月

木星 ♃

1：ピッタ
2：ヴァータ

☿ 水星

1：ピッタ
2：カパ

1：ヴァータ

⊙ 太陽

1：ピッタ

♄ 土星

火星 ♂

天王星　ラーフ ☊　　☋ ケートゥ　冥王星

ヴァータ

ピッタ

1：ヴァータ

1：ヴァータ

1：ピッタ
2：ヴァータ

1：ヴァータ

紫色の惑星は＜不調和な惑星＞、黄色は＜調和のとれた惑星＞です（161～
162ページ参照）。また、土星、ラーフ、天王星、冥王星が対応するドーシャ
はひとつです。

体と心の性質を表す
9つの惑星タイプ

アーユルヴェーダの3つのドーシャに対応する惑星は、
それぞれにより細かな性質を持っています。ここからは9つの惑星が、
私たちの体と心にどのような影響を与えるのか、詳しく見ていきましょう。

惑星それぞれが持つ性質を、惑星タイプとして紹介するよ。
後の WORK 8 で自分の体質を読み解く際にも登場するよ。

太陽 ⊙ 力強い生命エネルギー

ポジティブでバランスのとれた火のエネルギーを持ち、ピッタを増やし、カパを減らす性質がある。消化力が高く、血液循環も良好。強い免疫力をもたらし、惑星タイプの中で最も健康的。深刻になるほど体調を崩すことは滅多になく、暑さに弱いので、冷たい食べ物や涼しい気候がより好ましい。

主な健康上の問題は働きすぎ、過熱、強すぎる責任感によって生じます。かかりやすい病気は心臓疾患、胃の疾患（潰瘍）など。

◈ 肉体的な特徴 ◈

輝きがあり、活力にあふれ、赤みがかった顔色。知性的な目。中肉中背で筋肉質。太りすぎ／痩せすぎることはあまりない。第2ドーシャがヴァータなので少し乾燥体質。

◈ 精神的な特徴 ◈

情熱的で威厳があり、誇り高く、ときにうぬぼれが強い。哲学的または宗教的で、行動は倫理的。リーダーとして人々と協力し価値あるプロジェクトをすることを好む。

◈ その他 ◈

自己主張が強く、人の上に立ち、社会的に認められること、権威を好む。高い批評力、深い洞察力、強い存在感がある。長く注目を浴びないと、強い孤独感に襲われてしまう。

月 🌙 　循環させる恵みのエネルギー

水のエネルギーを持ち、カパを増やし、ピッタを減らす性質がある。冷たくて湿っぽく、うっ血してむくみやすい（特に下半身）。健康で長生きだが、バランスが崩れると怠惰、寝すぎる傾向に。愛情豊かで、面倒見がよい。高貴で自立心が強く、繊細で、友人や配偶者に恵まれる。

第2ドーシャがヴァータのため、気まぐれな一面も。恥ずかしがり屋を克服すれば、人間関係を学ぶことで社会的に成功し、大衆に影響を与えるリーダーに。

🌿 肉体的な特徴 🌿

丸い魅力的な顔、豊艶な体つきで色白。はっきりした白目。肌に潤いがあり、濃く艶のある髪。年齢とともに体重が増え、最初の出産後や40歳以降にむくみが出やすくなる。

🌿 精神的な特徴 🌿

感情的、繊細で、月の満ち欠けのように移ろいやすく、ロマンチックで情にもろく、傷つきやすい。寛容で忘れっぽい面も。高い表現力、芸術的才能、詩の才能に恵まれる。

🌿 その他 🌿

自分の意識を集中させて深層心理に触れ、新しい気づきを得る力があります。よりハイレベルになると霊能力やスピリチュアル能力を発揮し、高い共感力でヒーラーになる人も。

火星 ♂ 溜め込みやすい熱のエネルギー

ピッタのネガティブな性質を増大させる火に、第2ドーシャであるカパの水の要素が加わる火星。湿気をおびた熱があり、消化力を弱め、その結果、免疫力が低下し感染症のリスクが高まりやすい。体力があり健康な時期もあるが、血の気が多くケガや出血が多い。毒素を溜め込みやすく、過剰な胆汁で下痢になりやすいところも。

義理堅く、仲間意識が強く、情熱的で所有欲も強い。力強い性的エネルギーから欲にふけりすぎることも。

🌿 肉体的な特徴 🌿

適度に発達した筋肉質な体。顔は赤く脂性肌、鋭い目。食欲と喉の渇きが強く、肝臓が弱い。急性の病気、酒、タバコ、肉、辛いスパイス、脂質のとりすぎで苦しみやすい面も。

🌿 精神的な特徴 🌿

知覚力があり、批判的で議論好き。勇敢で大胆、冒険的。勝利を好み、敗北を憎む傾向が強く、自身の怒り、嫉妬、憎しみによって自らを傷つけやすい。

🌿 その他 🌿

機械に強く威厳があり、科学や研究、機械・道具・武器の扱いが得意。高い知覚力があり、薬、外科、心理学も得意分野。自己を高めるヨギ、スピリチュアルで活躍する人も。

水星 ☿ 幸福を伝える良質なエネルギー

風の要素を持つ健康的なヴァータ体質。良質な地のエネルギーで長生きでき、幸福感がある。ストレスを受けやすく、肺、心臓、胃腸はとても繊細で敏感。知性的で話し好き、好奇心旺盛で、行動力があり、若々しく気まぐれ。忍耐力はそれほど続かず、若いときはスポーツを好み、年齢とともに知性的な方にシフトする。

思いやり、奉仕精神があり、自然を愛す。洗練された味覚、詩や音楽、デザインを通した表現力に恵まれます。

❀ 肉体的な特徴 ❀

背が高いか低く細身。肌と分泌物は湿っぽいが、乾燥もしやすい。冷たく繊細な肺。花粉症、気管支不全のアレルギーになりやすく、心臓も繊細で動悸を起こしやすいです。

❀ 精神的な特徴 ❀

情報を敏感にキャッチし、スピーチ力に長け、愛想がよいです。憐れみ深く、コミュニケーション能力が高い。周囲の環境の影響を受けやすく、考えすぎて内向的になる一面も。

❀ その他 ❀

言語や数字に強く、雑学にはまりやすいです。ヨガなど心を成長させるものに興味があり、研究熱心な性質が、ダイレクトにスピリチュアルな道に向かわせることもあります。

木星 ♃ 楽観的で明るい癒しのエネルギー

前向きで活動的、健康的な水の要素をもつカパ体質。体を動かす仕事、運動、アウトドアを好み、体を動かさなくなると強くて健康な体質は失われてしまいます。自堕落で、人生に多くを求めすぎて苦しむ一面も。すい臓、ひ臓、肝臓が弱く、甘いもの、脂っこいものを食べすぎて糖尿病にかかりやすい。

癒しのエネルギーがあり、喜びに満ちて陽気です。社交的で品があり、寛容。自分を表現する遊びや表現のセンスがあり、楽天的すぎる傾向も。

❀ 肉体的な特徴 ❀

よく発達した筋肉と体。時々太っている人もいる。頭と手足が大きく、人生後半は体重が増える。黄色みがかった顔色で、体温が高く、安定した強い血液循環と代謝があります。

❀ 精神的な特徴 ❀

調和的で親切、思いやりがあります。高い道徳心と倫理観があり、慣習や儀式、ヒエラルキーを大切にします。本質より通説に従う傾向も。意見や理想は誇大妄想になりがちです。

❀ その他 ❀

信仰心が強く、心が穏やかで平静心があります。哲学、宗教、宇宙の根本原理、スピリチュアルに興味があり、人生後半で瞑想生活を好み、実践します。向上心があり、未来志向。

金星 ♀ 愛、喜び、豊かさのエネルギー

惑星の中でも見た目がよく、魅力的な要素が強いカパ体質。健康より外面的美しさにこだわり、生活習慣病、生殖器官の病気になりやすいです。容姿をとても気にかけるため、肥満になることは滅多にありません。快適さと優雅さを愛し、うぬぼれ、慢心もあります。

ものへのこだわりが強く、美的センスがあり、美術品集めが好き。富や財産など蓄積が得意。単純な投資より社会的価値のあるものに使い、人を導くことを好みます。

肉体的な特徴

身長は平均的、丸み帯びた体つきで、筋肉や臓器が発達。魅力的な目、髪、肌。手は形がよく繊細。性的活力、エロティックな魅力があります。忍耐強く、活力を蓄えています。

精神的な特徴

協働作業を好みます。受容的で傷つきやすく、人間関係や何かを失うことへのダメージが強いです。刺激的でロマンチック。色彩豊かな想像力、創造的才能があります。

その他

倫理的で心からの愛と献身がある反面、見た目のよし悪し、性的魅力などに惑わされやすいです。スピリチュアルな傾向を持つ面もあります。サイキックな仕事に就く人も。

土星 ♄ サバイバル力を鍛えるエネルギー

典型的なヴァータ体質で、風の要素が強い。惑星の中でも健康に悪影響を与えるが、克服することで生存能力が高まり長寿に。活力や忍耐力に乏しいです。体温が低く、冷え体質。消化力が弱く、血液循環も悪い。便秘気味で体内に老廃物を蓄積し、慢性病に苦しみます。関節炎や神経系の病気になりやすいです。

真面目で現実的。分かち合いをあまり好みません。ネガティブな影響が強くなると、批判的で疑い深く、偏屈で貪欲、自己中心的に。

肉体的な特徴

一般的に細身で乾燥体質。極端に背が高かったり低かったり。骨ばった大きい手足、大きい鼻または歯。肌のキメは粗く、茶色くて黒っぽい。髪はもろく、爪は割れています。

精神的な特徴

心配性、恐れ、不安が強く、滅多に笑いません。人生で多くの困難に直面し、他人の欲求に鈍感で計算高いです。一般的に内向的で、孤独、自己中心的か超然としているかどちらか。

その他

金星か水星の影響が加わると、表現力や感受性が高まり、身を粉にして働くよい医者、芸術家、哲学者に。ハイレベルになると孤独を好み、感情から自由になり超然としています。

ラーフ ♌ 隠れた欲望を引き出すエネルギー

体も心もヴァータ体質。土星と金星を混ぜあわせた特徴を持ち、普通でないか闇の美しさをもたらします。芸術、音楽、演技、パフォーマンス、デザインが得意。新しい環境がよりよく、社会の変化や革命の最前線にいます。

人を癒す力、共感力が極めて高く、献身的。神秘的なことに関心があり、思考より直感に従った方がよいです。外国や出生地・家族から離れて住む傾向があります。

肉体的な特徴

痩せ型・素早い動き。体の存在感が弱く、ぼうっとした印象を与えます。消化器系が繊細で免疫系が弱く、伝染病に感染しやすい。自律神経が乱れやすく不眠や悪夢に苦しみます。

精神的な特徴

知性的、直感的、創造的で型にはまりません。野心があり、偉業を成し遂げたいが、いつも成功するわけではありません。感情の起伏が激しく、虚栄心によって苦しみます。

その他

サイキックやオカルト方面に向かう傾向があります。微細なエネルギーの持ち主で、霊媒やチャネリングをするが、簡単に幻想にとらわれてしまうので危険も伴います。

ケートゥ ♎ 内面を深く掘り下げるエネルギー

火星に似て、火の要素が強いピッタ体質。目は洞察力があり真剣。血のめぐりはよいが毒素があり、皮膚病、潰瘍、高血圧になりやすいです。調整力に欠け、神経筋の不調、事故や手術、大きな暴動や災害で苦しみます。

知覚力、認識力、集中力があり、深遠なる真理の探究が得意。闇の中に光を見出すことができ、歴史、考古学、地質学の他、科学、数学、コンピュータの仕事に適性が。軍隊、法律、警察関連の調査や研究職も向いています。

肉体的な特徴

標準的な身長と体格で、細身だが筋骨たくましく、少し筋肉質で体温は高め。第2ドーシャであるヴァータの風の要素が加わり、細身で神経質、乾燥体質で、新陳代謝が活発に。

精神的な特徴

社会的秩序への反抗心があり、固定観念が強く、内向的でエキセントリックな個人主義。自信がなく、自己破壊的な一面も。感情的には夢中になったり、上の空だったりします。

その他

スピリチュアル分野の探索が得意で、自らの研究と追求の中で幸福を見つけます。人によっては宇宙の普遍的な法則を理解し、エゴを超越して世の中を見ることができます。

アーユルヴェーダを用いて 自分の体質を 読み解いてみよう

1 第1室に関わる惑星を書き出してみましょう。

インド占星術では肉体を表すアセンダントと、第1室に影響を与える惑星から体質を判断します。以下の3つがポイントとなります。

- アセンダントのある第1室の星座の支配星のドーシャは何か？
- 第1室に在住する惑星のドーシャは何か？
- 第1室にアスペクトする惑星は何か？

▶ 次のページで、実際のホロスコープを見ながら読み解いてみましょう。

本書ではインド占星術によるドーシャ体質の簡易的な読み方を紹介するよ。ただし、ホロスコープに示されるドーシャ体質は先天的な体質と考えよう。

医療占星術を用いて心身の不調についても読み解ける

占星術には医療占星術という分野があり、心と身体の健康について読み解けます。例えば、両親や育った環境から私たちがどんな心理的影響を受け、課題やトラウマがあるのか、また、体のどの部位に不調を抱えやすいのか、いつ病気になりやすいのか、心と身体の病気の関連性などの情報を得られるのです。占星術を通じて、肉体・精神・魂・カルマを運命まで含めてホリスティックに理解することは、病気の原因や対処法を知る助けになります。さらに、占星術では病気が発症する前に予測できるため、予防医学の世界でも注目を集めています。

例）Bさんのホロスコープの場合は……

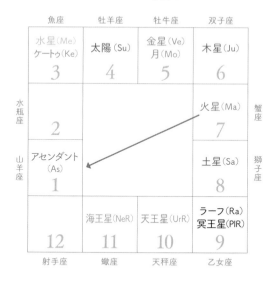

	魚座	牡羊座	牡牛座	双子座	
	水星(Me) ケートゥ(Ke) **3**	太陽(Su) **4**	金星(Ve) 月(Mo) **5**	木星(Ju) **6**	
水瓶座	**2**			火星(Ma) **7**	蟹座
山羊座	アセンダント (As) **1**			土星(Sa) **8**	獅子座
	12	海王星(NeR) **11**	天王星(UrR) **10**	ラーフ(Ra) 冥王星(PlR) **9**	
	射手座	蠍座	天秤座	乙女座	

Bさんの第1室に関わる惑星は次の通りです。惑星タイプの性質は166ページから、第1ドーシャの性質は161ページから詳しく記されていますので、チェックしましょう。

	惑星（タイプ）	第1ドーシャ
第1室の支配星	土星	不調和なヴァータ
第1室に在住する惑星	なし	なし
第1室にアスペクトする惑星	火星	不調和なピッタ

第1室から身体的な性質がわかるように、月や太陽からは性格や感情面の性質がわかるよ。ホロスコープの月や太陽の支配星、在住する惑星・アスペクトする惑星から惑星タイプと第1ドーシャを読み解いてみよう。

まずは、第1ドーシャをチェック。影響力の強さは［第1室の支配星＞第1室に在住する惑星＞第1室にアスペクトする惑星］の順です。

▶ ▶ ▶

ヴァータの影響が最も強く、次にピッタの体質を持つ

乾燥や動きを表すヴァータの性質を強く持っています。そして、熱や鋭さといったピッタの性質も合わせて持っています。

次に惑星タイプをチェック。第1室の支配星や在住、アスペクトして影響を与えている惑星は？　それぞれの惑星の性質を見ます。

▶ ▶ ▶

土星タイプが最も強く、次に火星タイプ体質を持つ

土星の持っている特徴が当てはまるでしょう。もし、すべてのドーシャの惑星が関わっているならば、3つのドーシャが混在した複雑なドーシャ体質であることになります。

各惑星のドーシャをもう一度、わかりやすくまとめた表が下記です。これを見ながら、第1室の惑星をチェックします。

惑星（タイプ） ※それぞれの性質は166ページからの 「体と心の性質を表す9つの惑星」を参照	第1ドーシャ ※それぞれの性質は161ページからの「ドーシャとそれぞれの特徴」を参照
太陽	ピッタ＜調和のとれたピッタ＞
月	カパ＜調和のとれたカパ＞
火星	ピッタ＜不調和なピッタ＞
水星	ヴァータ＜調和のとれたヴァータ＞
木星	カパ＜調和のとれたカパ＞
金星	カパ＜調和のとれたカパ＞
土星	ヴァータ＜不調和なヴァータ＞
ラーフ	ヴァータ＜不調和なヴァータ＞
ケートゥ	ピッタ＜不調和なピッタ＞

2 あなたのホロスコープから体質を見てみましょう。

	惑星（タイプ）	第1ドーシャ
第1室の支配星		
第1室に在住する惑星		
第1室にアスペクトする惑星		

Point 1

影響力の強さは、[第1室の支配星>第1室に在住する惑星>第1室にアスペクトする惑星]の順です。あなたはどのドーシャが強いですか？　惑星のタイプと第1ドーシャの性質の特徴をチェックしましょう。

▶ ▶ ▶

• 私は

_____

_____

の性質が強いです。

Point 2

第1室の支配星や在住、アスペクトして、影響を与えている惑星は？　それぞれの惑星の性質を見ましょう。

▶ ▶ ▶

• 私は

_____

_____

の性質です。

ホロスコープから見るドーシャ診断はあくまでもひとつの手法。この方法だけでドーシャを自己判断できるわけではないのでご注意を。人間の体はとても複雑。正しいドーシャ体質診断をするためには、アーユルヴェーダの専門的な方法による問診や脈診も合わせるようにしよう。

COLUMN 4

インド占星術でプチ悟り体験

　以前、私は、世界で起きている貧困や格差、環境問題に対してとても憤りや悲しみを感じていました。しかし、たくさんのホロスコープを読み続けたある日、人生の光を得るようなハッとした瞬間がありました。

　「地球上にはいろいろな問題があるけれど、すべてはこれでいいんだ」「私たちの意識では理解しきれない大いなる意思があり、すべては魂の成長のために、宇宙の壮大な計画通りに進行しているんだ」。

　それらを受け入れた瞬間に私の中の葛藤が収まり、穏やかな気持ちになりました。それからは憤りや悲しみからではなく、愛や感謝のような前向きな気持ちを大切にしながら、自分にできる小さな行動で地球に貢献していけるようになったのです。

12星座の象意一覧

		象意
牡羊座	性質・能力	情熱、勇敢、自信家、自由、大胆、機敏な行動、直感、冒険、野心、挑戦、パワフル、熱中する、好奇心、明るい、前向き、開拓、楽天家、率直、負けず嫌い、一番になりたい、戦う、好奇心旺盛、リーダー、運動神経がよい、論理的・戦略的・科学的思考、道具・機械・乗り物・刃物を扱う能力、サバイバル、移動・旅行好き、人を感化する、猪突猛進、天真爛漫
	興味・仕事	新しいことをはじめる、先端分野、起業家、科学、技術、機械、車、ドライバー、パイロット、タクシー・トラックなどの運転手、旅行、大工、スポーツ、格闘技、武道、警察、消防、戦士、料理、散髪、法律家、自営業、フリーランス
	気をつける点	怒り、嫉妬、無謀で危険な行い、批判的、攻撃的、衝動的、性急、頑固、鈍感、わがまま、失敗が多い
牡牛座	性質・能力	忍耐強い、努力家、穏やか、社交的、物質的、調和的、のんびり、おっとり、深い愛情、温和、意志が強い、快適で楽しいこと、保守的、アート・音楽を愛する、安定を求める、富を貯める、贅沢、審美眼、グルメ、根気、粘り強い、優れた美しさへの感覚、優れた音感と歌唱力、癒しの声、美しさを兼ね備えたものづくり、性的魅力
	興味・仕事	音楽、歌、芸術、写真、映像、スイーツ、デザイン、ファッション、香水、アロマテラピー、化粧品、宝石、農業、田舎暮らし、造園、雑貨屋、飲食、癒し、自然、地球環境、接客、建築・クラフト・手芸・陶芸、遊園地、畜産、ソムリエ、リラクゼーション、マッサージ、金融、銀行、資産形成、ファイナンシャルプランナー
	気をつける点	創造性がない、快楽に溺れる、頑固、型にはまりやすい、所有欲、怠け者、消極的
双子座	性質・能力	知性、分析、論理的、明るい、話し好き、活発、社交的、適応性、多芸多才、機知に富む、活気、柔軟、知識欲旺盛、広い知識、好奇心、話し上手、2つの心・考え、言葉に関わるあらゆること、コミュニケーション能力、優れた記憶力、高い言語能力、情報収集力、情報発信力、論理的思考力、数学的能力、文章力、コンピューター
	興味・仕事	マスメディア・本・ネット、出版、通訳、翻訳、講演、広告、アナウンサー、ジャーナリスト、図書館、秘書、旅行、経理、仲介、営業、学者、コンサルタント、プログラマー、情報ビジネス、ネットビジネス、情報商材、株式投資、流行の最先端
	気をつける点	移り気、落ち着きがない、詮索好き、神経質、おしゃべり、中途半端、気まぐれ、裏表がある、嘘つき、飽きっぽい

		象意
蟹座	性質・能力	強い感受性、想像力豊か、同情心、親切、共感力、温かい、保護本能、世話好き、母性愛、家族愛、思慮深い、自立的、注意深い、まめな行動、寂しがり、恥ずかしがり、優れた記憶力、旅行好き、経済観念が発達、ロマンティック、子どもや動植物を育てる、料理・洗濯・掃除など主婦的な能力、人を癒す、家族やコミュニティ、国のつながりを大切にする
	興味・仕事	家政婦、飲食、農業、造園、動物、花、看護、宿、ホテル、教育、歴史、カウンセラー、家・不動産、お酒、接客、幼稚園、水や海に関わる職、空想力や感性を活かす芸術・音楽・文学的才能、政治家、経営者、ガーデニング、小説家、シナリオライター、清掃業、クリーニング屋、博物館、歴史
	気をつける点	心配性、神経過敏、気分屋、ヒステリー、有頂天になりやすい、論理性を欠いた乱雑な感情、愚痴っぽい
獅子座	性質・能力	威厳、誇り高い、純真、寛大、明るい、哲学的、自由、気前がよい、情熱的、創造力、優れた組織者、リーダー、公明正大、正義感が強い、夢を追う、気前がいい、注目を浴びたい、遊び好き、派手、華やか、父性、親分肌、支配的、大局観、未来志向、ヴィジョン創造、政治力、数学的能力、人々を笑わせる・楽しませる、運動能力が高い、演技力、プレゼン能力、エンターテイナー、投資、ドラマティック
	興味・仕事	演劇、芸能、アイドル、レジャー、音楽、イベント、芸術、漫画、漫才、公務、経営、政府機関、市民活動、政治、スポーツ、不動産、宝飾、貴金属、プロデューサー、演出家、ディレクター
	気をつける点	横柄、恩着せがましい、自己顕示欲、うぬぼれ、権威的、独善的、浪費家、裸の王様、生意気、支配的、孤独
乙女座	性質・能力	記憶力が高い、繊細、頭脳明晰、冷静、純情、几帳面、慎み深い、思いやりがある、知性的、恥ずかしがり、控えめ、秩序を重んじる、清潔好き、世話好き、知識欲旺盛で勉強好き、識別力、分析力、実践的、早い変化を好む、若々しい、向学心が強い、実務能力、秘書能力、細かく正確、器用で繊細な感覚があり職人肌、完璧主義、商才、情報整理、会計能力
	興味・仕事	医療、ヒーリング、経理、事務、秘書、教育、評論家、専門家、研究者、衛生管理、コンサル、学者、技術者、ジャーナリスト、商売、士業、ものづくり、職人、実業家、健康、整体、東洋医学、予防医療、食事療法
	気をつける点	批判的、心配性、細かすぎる、意志薄弱、神経質、潔癖すぎ、因習的、想像力の欠如、大局を見失う、自信欠如

12星座の象意一覧

		象意
天秤座	性質・能力	コミュニケーション上手、愛想よい、柔和、ソフト、分別、のん気、愛、調和、豊かな想像力、公正、冷静、優しい、争わない、優雅、上品、理想主義、外向的、日和見、温和、快適な生活、都会的なセンス、平和主義、性的魅力、演技力、優れた美の感覚、おしゃれ、社交力、交渉能力、接客能力、バランス思考、芸術的な才能、優雅で魅力的な外見
	興味・仕事	恋愛、異性関係、ウェディング、パーティー、芸能界、演劇、俳優、営業、音楽家、芸術家、政治家、商売、エステ、サービス業、ファッション、美容、モデル、裁判官、弁護士、調停委員
	気をつける点	優柔不断、移り気、八方美人、影響されやすい、孤独が怖い、定見に欠ける、遊び人、見栄っ張り
蠍座	性質・能力	強い目的意識、想像力、深い情感、愛情深い、徹底的、不屈の精神、断固とした意志、粘り強さ、集中力、本質を見抜く深い洞察力、決断力、根本的な変革力、霊感、直感、優れた運動能力、一点集中、闘争的、研究、神秘的なことへの興味、深い心理の探求、官能的、闘争的、最悪な事態を想定する、科学的な思考、生と死、危機管理能力、カリスマ的
	興味・仕事	水に関わること、スポーツ、居酒屋、占い、オカルト、精神世界、人の生死に関わること、保険、葬儀、お墓、化学、薬剤、外科医、警察官、タントラ、密教、魔術、格闘技、軍人、刑事、探偵、世界の裏や秘密を探ること、危機管理、原子力産業、性産業、精神分析医、スパイ、バイオテクノロジー、水商売
	気をつける点	頑固、執念深い、嫉妬深い、思い込み、憤慨しやすい、疑い深い、皮肉屋、過激、独裁者、冷酷、復讐
射手座	性質・能力	陽気、朗らか、楽天的、野心、高い志、情熱、大胆、自信家、正義感、直感力、夢やビジョンを描く、勇敢、誠実、開放的、順応性、決断力、哲学的、自由奔放、フランク、向上心、拡大発展的思考、理想主義者、広い視野、旅行好き、よきことを広める、運動能力が高い、投資、冒険、宗教的、信仰心、宇宙や自然の法則を知りたい、リーダーシップ
	興味・仕事	教師、講演、科学、政治家、弁護士、法律、スポーツ、真理の探求、精神世界、自己啓発、宗教家、株式投資、銀行、大臣、占星術、広告、競馬、冒険家、軍人、思想家、思想を持つリーダー、企画、営業、冒険家、旅行代理店、添乗員、パイロット、フライトアテンダント、外交官、大使館、国際的なホテル、外資系企業
	気をつける点	過激、大袈裟、落ち着きがない、盲目的な楽天家、気まぐれ、自分の特質の誇張、一攫千金、ギャンブル好き

		象意
山羊座	性質・能力	思慮深い、規律正しい、役に立つ実用性を重視、よく考えて素早く決断、冷静、根気、合理的、保守的、正直、誠実、勤勉、信頼が厚い、ハードワーク、忍耐力、慎重、集中力、責任感、哲学的、計画的、野心的、組織力、実践的、効率を重視、仕組みづくり、伝統重視、節約家、現実的、体系化や組織化をする、完璧主義、研究好き、手先が器用
	興味・仕事	ビジネス、経営、公務員、政治、ビジネスの仕組み化、組織化、ルーチン化、時間管理、コンサルティング、技術、建築、鉱山、カイロプラクター、整骨院、伝統的なもの、ガーデニング、ものづくり、職人、大工、歴史、研究
	気をつける点	自己否定、不安、自信がない、几帳面すぎる、悲観的、利己的、打算的、小心、発展性がない、頑張りすぎ
水瓶座	性質・能力	自由、平等、博愛、友好的、独立心、広い視野、サバサバしている、人間に対する深い理解、思慮深い、人類愛、霊感、道徳的、人道的、社交的、進歩的、前衛的、エキセントリック、人当たりがよい、自己犠牲的、独創的、発明の才能、改革精神、論理的、反体制、推理能力、理想主義、慈善的、精神性、最先端分野、科学技術、神秘思想、物理学
	興味・仕事	福祉、慈善事業、建築、医師、海運業、公務員、コンサル、製造業、宗教、哲学、東洋思想、東洋医学、平和、聖職者、非政府組織、俳優、コンピューター、占星術、政府機関、国際機関、国連、NPO、NGO、エレクトロニクス、航空、宇宙開発、デザイナー、前衛的アーティスト、著述業、コラムニスト
	気をつける点	奇人、変人、非常識、突飛な行動、反抗的、融通が利かない、つむじ曲がり、冷淡
魚座	性質・能力	愛情深い、純粋、同情心、豊かな情感、感情移入、忘れっぽい、癒し系、献身的、他者との境界が曖昧、寂しがり、順応性、人を助けることに喜びを感じる、慈悲深い、受容性、包容力、自己犠牲、ロマンティスト、想像力豊か、感受性が強い、夢見がち、慈善的、スピリチュアル、気やエネルギーを感じる能力、宇宙・高次の霊界とつながる能力、占い好き、HSP（超敏感気質）
	興味・仕事	福祉、ヒーリング、癒し、想像力が発揮される芸術、セラピー、アニメ、水商売、酒、ソムリエ、図書館、博物館、チャネリング、巫女、シャーマン、ダンス、作家、ファンタジー、漁業、文章、詩、文学、映画、ヘルパー、看護師、水や液体、海に関わる仕事、お酒製造、ガソリン、石油関連事業、船舶、水族館、博物館、漁師
	気をつける点	曖昧、自己中心的、不注意、混乱しやすい、決断力に欠ける、意志が弱い、非現実的、嫉妬、甘え、依存、騙される

惑星の象意一覧

		象意
太陽	性質・能力	情熱的、陽気、精神的に純真、明るい、正義感が強い、創造的、慈悲深い、リーダー、勇敢、威厳がある、誇り高い、寛大、身体的強さと活力、父性的、苦痛や恐怖に耐える精神力、遊び好き、人々を喜ばせるのが好き、高い地位
	興味・仕事	公の活動、公務、未来のヴィジョン、リーダーシップ、社会貢献活動、経営、政治、経済、貨幣、貴金属、宝石、大衆受けする芸術、人々の注目を浴びるエンターテイメント、芸能、歌、音楽、コメディ、演劇、映画、漫画、手品、サーカス、宇宙の法則、科学、数学、物理学、宇宙の真理、哲学、道徳・倫理、正義、宗教、経済学、経営学、広報、金属細工師、税官吏、貨幣鋳造者
	気をつける点	自己顕示欲、自己中心的、権力への執着、虚栄心、高慢、利己的、支配欲、尊大
水星	性質・能力	博学、知識学習、専門知識、話し好き、記憶力に優れる、好奇心・知識欲旺盛、情報通、雄弁、冷静、理性的、論理的、合理的、機知に富む、機敏、多芸多才、気まぐれ、言語能力・コミュニケーション能力が高い、分析力が高い、数値・データ処理能力
	興味・仕事	スピーチ、文章、文法、貿易、商業、情報収集と発信、通信、マスメディア、ニュース、テレビ、ジャーナリスト、司会者、アナウンサー、新聞、記者、インターネット、郵便、知識や雑学、本、著述業、通訳、翻訳、編集、教育、学者、研究、専門家、情報処理、データ、プログラマー、セールスマン、商人、事務、会計、税務、秘書、速記、文房具、印刷関係、移動、バス、鉄道、タクシー、人文科学、経典の知識、寺院、天文学、占星術、彫刻家
	気をつける点	過度に論理的、知識偏重、詮索好き、神経質、一貫性に欠ける、屁理屈、落ち着きがない
金星	性質・能力	穏やか、感性豊か、愛情深い、華やか、社交的、ユーモア、調和的、平和、人と調和する、親しみやすい、人気者、上品、優美、おしゃれ、性的魅力、良識、優れた美的感覚、芸術の才能、ロマンティック、感覚の楽しみが好き、豊かで快適な暮らし、接客・コミュニケーション能力、癒し
	興味・仕事	ファッション、刺繍、ロマンス、化粧、宝石、装飾品、スタイリング、人とのコミュニケーション、接客、娯楽、遊び、遊園地、アミューズメント、ホテル、飲食、グルメ、カフェ、文化的なこと、芸術、音楽、文学、詩、デザイン、写真、建築、CG、映画、脚本家、作曲、歌手、アイドル、芸能界、インテリア、美容、モデル、恋愛、ウェディング、カップルカウンセリング、アロマ、香水、乗り物、水中スポーツ、お金、水商売、色事の娯楽、聖歌隊、牛や馬などの大きな動物、銀
	気をつける点	怠惰、欲望に溺れる、嫉妬深い、好色、贅沢、見栄っ張り、八方美人、浪費家

		象意
月	性質・能力	心のつながりが大切、表情豊か、人の気持ちを汲み取る、感情豊か、感性豊か、優美、美しさ、内気、慎重、穏やか、控えめ、温和、親切、母性愛、優しさ、共感力、愛情深い、感受性が高い、繊細、従順、ユーモア、受容力、家庭的
	興味・仕事	料理や食物をつくること、飲食店、パン屋、居酒屋、カフェ、掃除、洗濯、清掃業、動植物を育てること、農業、園芸、造園、畜産、水産物（真珠、珊瑚、海藻、魚）、航海士、漁師、魚屋、ペット、ファッション、服飾、化粧品、装飾品、愛を注ぐこと、カウンセリング、セラピー、看護、子どもを育てる、幼稚園、小学校、おもちゃ、家族やコミュニティのつながり、経営者、政治家、快適な暮らし、家、不動産、旅行関係、大衆相手の仕事、助産師、産婦人科、旅館、ホテル
	気をつける点	ヒステリー、気まぐれ、心配性、精神不安定、妬み、依存的、排他的
火星	性質・能力	勇敢、チャレンジ精神、積極的、誇り高い、苦痛や恐怖に耐える精神力、負けず嫌い、行動的、情熱、パワフル、挑戦、闘争心が強い、サバイバル力、運動能力が高い、強い体、集中力が高い、自己主張が強い、管理能力、粘り強い、諦めない、リーダーシップ、野性的、機械や道具、武器の扱いに長けている、科学的思考、戦略的、戦う
	興味・仕事	チャレンジすること、起業、ビジネス、管理職、科学、技術、化学、薬剤、機械、メカニック、時計職人、料理人、大工、建築関係、不動産、スリルや刺激、スポーツ、スポーツジム、アウトドア、乗り物の運転、自動車、飛行機、船、バス、パイロット、医者、武道、格闘技、警察、消防、レスキュー、国防関係、自衛隊、軍人、武器製造、散髪、金属加工、肉屋、スパイ
	気をつける点	弱肉強食、支配欲・所有欲が強い、短気、攻撃的、ギャンブル、辛辣、不誠実、力の正義、嫉妬深い、傲慢
木星	性質・能力	陽気、前向き、誠実・善良、楽天的、高潔、寛容、親切、公明正大、正義感が強い、自尊心、慈悲、自由、拡大・拡張、発展、援助、教育、祭り、神事、精神性、智慧、倫理的、雄弁、信仰心、理想主義、未来志向、哲学的
	興味・仕事	宇宙の真理、神、哲学、仏教、道徳、倫理、宗教、僧侶、神官、牧師、司祭、宇宙の法則、自然科学、天文学、占星術、善悪、道徳、法律、弁護士、裁判官、司法、教育や助言、コンサルティング、大臣、アドバイザー、政治、医者、カウンセリング、社会活動家、慈善活動、投資、銀行、金融、文学、歴史、サンスクリット（梵語、古代インドの言語）、人文科学、マントラ（真言）、古典学習、経典
	気をつける点	過度な拡大・繁栄の思考、誇大妄想、怠惰、浪費癖、一貫性がない、大げさ・熱狂的、いい加減、ギャンブル癖

惑星の象意一覧

		象意
土星	性質・能力	努力、忍耐、思慮深い、現実的、慎重、責任感が強い、禁欲、自制心、勤勉、自分に厳しい、規律を守る、向上心、超然とした態度、秩序、組織的な行動、安定化、内省、体系化、ルールづくり、計画、仕組み化、効率化、合理化、組織化、現実化する力、完璧主義、節約、金銭管理、伝統を重んじる
	興味・仕事	伝統、歴史、考古学、農業、建築、土木、政治、裁判官、コンサルティング、モノづくり、大工、職人、レンガ職人、陶芸、靴屋、染め物、なめし革、配管工、技術、製造業、庭師、鉱員、鉄鋼業、死、苦しみ、心理学、葬式、公務員、政治家、肉体労働、重労働、地下資源、肉屋
	気をつける点	不安、恐れ、否定、抑圧、悲しみ、臆病、消極的、憂うつ、頑張りすぎ、型にはまる、自虐的、冷淡、無慈悲、疑い深い、コンプレックスが強い
天王星	性質・能力	独創的、自由奔放、理想主義、博愛精神、直観、ユニーク、利他主義、閃き、友愛、改革精神、進歩的、人道主義的、偏見がない、非正統的、型破り、奇抜、非因習的改革、革命、転換、技術・科学、発明・発見、改良、エキセントリック、非常識、突飛な行動、反逆者、急進的、古い形を粉砕
	興味・仕事	宇宙の法則、物理学、数学、科学、化学、技術、天文学、占星術、最先端テクノロジー、宇宙工学、量子物理学、コンピューター、人工知能、プログラマー、研究者、最先端の分野、改革者、革命家、福祉、イノベーション、前衛的分野、啓蒙家、独立、プラトニック、古物研究、彫刻家
	気をつける点	気まぐれ、協調性の欠如、反抗的、不調和・混沌、つむじ曲がり、反社会的、異常
海王星	性質・能力	愛情深い、無償の愛、優しい、繊細、傷つきやすい、想像力豊か、癒し、霊感、曖昧、包容力、献身的、今に生きる、芸術的ひらめき、受容性、自己犠牲精神、ロマンティスト、スピリチュアル、清濁併せ呑む、チャネリング、夢見がち、幻想・神秘、信仰・信念、笑い、ユーモア、奉仕、霊性、芸術家肌、HSP（超敏感気質）
	興味・仕事	音楽、芸術、映画、小説、文学、ファンタジー、詩、マンガ、彫刻、写真、デザイン、画家、宝石商、ヒーリング、エネルギーワーク、気功、霊気、催眠術療法、霊媒、巫女、シャーマン、チャネラー、ビール醸造、酒造、ソムリエ、水商売、酒屋、飲み屋、海に関わること、塩、理想郷、社会主義、共産主義、聖歌隊、聖職者、形而上学
	気をつける点	妄想・混乱、現実逃避、過敏症、不注意、公私混同、中毒、虚言・幻滅、意志薄弱、騙される、無秩序

		象意
冥王星	性質・能力	意志強固、不屈の精神力、集中力がある、強い目的意識、洞察力がある、衝動的、激情、口が堅い、根源的な変容、絶対的な意志、超越、極端、カリスマ性、粘り強い、破壊と創造、再生・復活、先祖、原子力、秘密主義
	興味・仕事	葬式、保険、危機管理、臨死体験、死後の世界、死と再生、医師、外科医、助産師、精神科医、霊能力者、陰陽師、霊媒師、形而上学、生命の神秘、セックス、生命科学、バイオテクノロジー、遺伝子工学、化学、原子力、研究者、探偵、刑事、命がけの仕事、戦場カメラマン、真実を伝えるジャーナリスト、軍人、軍医、軍事産業、武器製造、癌、経営コンサルタント
	気をつける点	強迫観念、協調性がない、独裁、支配的、執念深い、自滅的、孤独、憎しみ、意地悪、傲慢
ラーフ	性質・能力	社交的、積極的、行動的、愛嬌がある、快楽的、物質的、外向的、話し好き、ぶっきらぼうな言葉、エネルギッシュ、アイデア豊富、創造的、繊細、快楽的、独創的、常識を覆す、奇抜、変革する、外国、異文化、技術、宇宙
	興味・仕事	発明、アーティスト、手品師、サーカス、外国と関わる貿易、輸入入ビジネス、フライトアテンダント、外国語、移民局、異文化交流、通訳、お酒、航空技術、宇宙技術、オカルト、超能力、超神秘的、水商売、インフルエンサー
	気をつける点	間違った思考、欲望に溺れる、貪欲、不道徳、嘘つき、自己中心的、混乱・辛辣、躁うつ、自堕落、狂信的
ケートゥ	性質・能力	純粋、深遠な思考、非社交的、スピリチュアル、神秘的な知識、内向的、無口、超然とした態度、率直、鋭い洞察力、マニアック、オタク、エゴを超越、禁欲修行、孤独、自己放棄、神秘的な力、霊感、解脱、悟り、浄化、離欲
	興味・仕事	出家修行者、修験道の行者、牧師、修道女、霊能力者、ヨガ・瞑想修行者、スピリチュアル系、インド哲学、仏教哲学、占星術、アーユルヴェーダ、東洋医学、科学者、考古学者、歴史学者、代替医療、ヒーリング、医学、霊気、気功、エネルギーワーク、技術者、プログラマー、発明家、スパイ、諜報活動、断食、マントラ（真言）、密教、秘儀、内科医、言語学者
	気をつける点	攻撃的、精神不安定、自信の欠如、反逆的、自己破壊的、引きこもり、偏狭な批判、防衛的、狂信的

ハウスの象意一覧

ハウス	象意
1室	**主な象意：本人、性質、能力と職業、身体と健康、体質、家柄** ・性格、気質、表向きの態度や行動、ペルソナ（仮面）、人柄 ・才能、思考、知識、智慧、興味関心、仕事の能力、職業、生計の手段 ・幸福、心の平和、自尊心 ・外見、容姿、イメージ、体格、身体的特徴 ・身体、生命力、体質、体力、健康、病気、寿命 ・自己表現、自己実現 ・威厳、地位、名誉、名声、富、裕福さ ・家柄、家系、住居、出生地、幼児期
2室	**主な象意：家族、収入、言葉、話す能力、食物、幼年期の教育** ・所有物、所得、金銭、富、資産、貯蓄、蓄財、節約、経済的・物質的な安定 ・自分の努力による収入、お金の稼ぎ方、生活のための仕事、家業 ・言葉、真実と嘘、話す能力、スピーチ、雄弁、講演、文筆 ・顔、口、声、歌 ・ペットや同居人を含む家族、友人（支援者）、使用人、親密な弟子 ・食べる食物の傾向や好み、味覚 ・お金の使い方、物質世界の楽しみ、身体的な享楽 ・学識、教養、幼年期の教育
3室	**主な象意：コミュニケーション、自己表現、趣味、弟妹、努力、訓練** ・努力、忍耐力、苦痛や恐怖に耐える精神力、心の安定、精神不安定 ・勇敢さ、身体的強さ、闘争心、競技、スポーツ ・知性、好奇心、学習、才能、初等教育、技術訓練、職業教育 ・自己表現、趣味、芸術、音楽、ダンス、演技、文章、文学、執筆 ・コミュニケーション、手紙、情報の収集と発信 ・弟妹、隣人、近い親戚、友人、使用人 ・短い旅行、引越し ・愛国心、食事の質、夢、理想、悲哀、後悔、惜別 ・戦闘での勇敢さ、軍隊

ハウス	象意
4室	**主な象意：母親、家庭、心の安定と幸福、住居、不動産、乗り物** ・幼年期の家庭環境、母親、母方の親戚 ・心の安定、幸福、心理的基盤、潜在意識、感情、心の病気、トラウマ ・家族、家庭、コミュニティ ・両親を含めた祖先、祖国、ルーツ、社会的階級、家柄 ・住居、土地、乗り物、建築物、不動産、財産、衣服 ・大地、庭、畑、農業、果樹園、農場、畜牛の所有、馬や象 ・知識、基礎教育（小学校、中学校） ・修行道場（アシュラム）、僧院 ・身近で親愛な人、家族のような友人 ・親密な結びつき、理屈を超えた心情的な信頼と義務の遵守
5室	**主な象意：創造的な自己表現、学問、教育、子ども、遊び、恋愛（純愛）** ・前世の良いカルマ、繁栄、豊かさ、幸運、お金を稼ぐ手段 ・識別力、洞察力、直観、知性、思考、記憶力、才能、善悪の判断 ・学識、高校・大学の教育、専門教育 ・創造力、創造的な自己表現、芸術、音楽、演劇、ダンス、文学、人文科学、哲学、本の執筆、投資、投機、ギャンブル ・趣味、遊び、娯楽、レジャー、リラクゼーション、ゲーム ・子ども、孫、妊娠、出産 ・智慧、良い話を聞き広めること、教える能力、弟子、学生 ・精神・霊性を高める修行とその成果、真言（マントラ）修行 ・神々への熱愛や祈りや献身 ・恋愛（純愛）、愛情表現、情事、女性を魅了する力 ・妻を通して得たもの、妻の財産、親の財産、王、首相、大臣
6室	**主な象意：奉仕、雇われ仕事、争い、競争、借金、健康、病気** ・課せられた労働や義務、社会に対する奉仕、雇われ仕事、従業員、部下、使用人 ・昇進、出世、就職 ・無償の奉仕、ボランティア ・短期集中の努力、訓練、試験、選挙 ・健康、健康管理、病気、急性疾患、事故、怪我、入院、手術、感染症 ・敵、喧嘩、争い、戦い、競争、スポーツ ・反対、裁判、口論、精神的な苦悩、投獄、監禁 ・借金、損失、紛失、失望、傷害、中傷や悪口、心的な動揺や興奮、公衆の前での屈辱

ハウスの象意一覧

ハウス	象意
7室	**主な象意：恋愛、結婚、配偶者、対人関係、ビジネスパートナー** ・対人関係、対人能力、人からの第一印象 ・恋愛、性的パートナー、結婚、配偶者、恋人や配偶者の性質 ・強い性欲や情熱、不倫、セックス、秘密の恋愛関係や情事、訴訟 ・ビジネスパートナー、共同事業者、ライバル、事業提携、同盟 ・遠く離れた土地、外国、海外移住、旅 ・高い地位の達成、社会的名声、発展、デビューと引退
8室	**主な象意：神秘的な世界、研究、遺産、苦悩、困難、病気、不倫** ・遺産、遺言、相続、生命保険、共同財産 ・投資、不労収入、配偶者の収入や財産、急な予期せぬ利益 ・深い融合、セックス、不倫、浮気、前世からの因縁 ・死と再生、死後の世界、臨死体験 ・神秘的な知識や体験、オカルト、精神的（霊的）な研究と達成、覆い隠された才能、秘教、密教、ヨガ、瞑想、サマーディ（三昧） ・無意識、心理学、カウンセリング ・生命力、慢性の病気、事故、怪我、手術、難病、災難、災害、寿命 ・中断、障害、トラブル、格下げ、出費、金銭や財産の損失、破産 ・予期しない出来事、スキャンダル、不名誉、敗北、挫折、惨めさ、悲しみ、苦悩、自殺、破壊、戦争、黒魔術 ・不道徳、盗み、宗教や道徳上の罪、邪悪、悪意、不正、犯罪、陰謀
9室	**主な象意：父親、高度な学問、高等教育、先生、高い精神性、長期旅行** ・前世のよいカルマ、幸運、吉兆、名声と富 ・意味の探求、宇宙の真理や法則、哲学、形而上学、深い洞察、法律 ・高い精神性、道徳性、倫理、正義、高潔、懺悔や罪滅ぼしの苦行 ・宗教、信仰心、宗教生活、崇拝、信仰心が厚い、礼拝や宗教の学識 ・高度な知識・学問・研究、高等教育、大学、大学院 ・先生・師匠（グル）、高徳な人との交際、精神的な手ほどきや伝授 ・心の静けさ、瞑想、聖地巡礼、パワースポット巡り ・良きことを広める、啓蒙活動、出版 ・未知なる世界の探求、異国や異文化への旅、長期旅行、外国旅行 ・慈悲心、慈善、慈愛、慈善事業、夢、幻視、幻覚体験 ・父親、孫、子ども（子孫） ・失業、退職、引退

ハウス	象意
10室	**主な象意：仕事、天職、社会的地位、成功、使命、社会的活動** ・仕事、天職、社会に貢献する仕事、使命、天命、ライフワーク ・知的な職業、熟練、専門職 ・昇進、成功と高い社会的地位、現世的な名声、社会的影響力 ・権威と威厳、指導する才能 ・厳粛で宗教的な行為の義務としての遂行 ・政治的な力、政府の高い地位、官公庁、行政、政府 ・父親
11室	**主な象意：夢や願望の実現、社会的評価、収入、兄姉・友人** ・仕事からの収入、あらゆる利益、定期的収入、先祖代々の資産 ・夢や願望の実現、社会的な目標、理想、学識や教養における熟達 ・高い評価、勲章、表彰、並外れた高い地位、上流社会 ・支援者、主義主張や価値観を共有する友人、グループ、ネットワーク ・兄姉 ・病気からの回復、物質的享楽、神々への崇拝
12室	**主な象意：出費、損失、スピリチュアル、手放し、寄付、外国、癒し** ・心的な苦痛や悲しみ、トラウマからの解放、苦悩を通しての苦悩からの解放、魂の癒し、無意識、ヒーリング、心理学、セラピー ・世俗から離れた内省する場所、静養する場所(リトリート)、僧院、修行道場(アシュラム)、病院、刑務所、養護施設、老人ホーム ・家族からの隔離、孤独、別れ ・スピリチュアル、精神的な学識、神秘的な知識、神秘体験 ・異郷の地、留学、外国、移住、出稼ぎ、移民、遠い旅行、海外移住 ・出家、自己放棄、離欲、隠遁、束縛からの解放、最終解脱、悟り ・出費、損失、借金の返済、財産の損失(浪費)、権威や権限の喪失 ・執着を手放す、寄付、断捨離 ・配偶者の喪失、離婚、死別 ・ベッドの喜び、寝室、浮気、不倫 ・眠りの喪失、身体的病気、入院 ・邪悪、悪意、不正、不正な手段や詐欺行為 ・投獄や監禁、スキャンダル、隠れた敵

キーワード辞典

インド占星術でよく使われる言葉を50音順に配列、その語源や意味を解説します。

ア

アーユルヴェーダ
約5000年の歴史を持つインドの伝統医学。中国医学、ユナニ医学（アラブ・イスラムの医学）とならんで世界三大伝統医学のひとつとされています。

アスペクト
惑星が特定の位置関係にあるハウスと、そのハウスに在住する惑星に与える影響のこと。インド占星術におけるアスペクトは「星座＝ハウス」単位。

アセンダント
生まれた瞬間の東の地平線と黄道（太陽の軌道）が交わる点のこと。ASC、上昇宮、ラグナとも呼びます。

アヤナムシャ
トロピカル星座帯、サイデリアル星座帯という、2種類の天文座標の間に生じる差異（角度差）のこと。

アルタ
ヴェーダが説く人生の4つの目的のうちのひとつ。使命を全うするために必要な「安全・安心・富」を得ること。

アンタル・ダシャー
代表的な未来予測の技法「ヴィムショタリ・ダシャー」のうち数年単位の周期を表します。中期的な運気の傾向を見るのに使用。

医療占星術
体と心の健康を占星術から読み解く、インド占星術における医療分野。

ヴァータ
5大元素のバランスによって3種類に分けられる体質（ドーシャ）のうちのひとつ。ヴァータは運動のエネルギーで、風と空の元素から構成されます。

ヴィムショタリ・ダシャー
未来予測に用いる多くのダシャー・システムの中で最もメジャーなシステム。その他、ジャイミニ・ダシャー、ヨーギニー・ダシャー等があります。

ヴェーダ
紀元前1000年頃から紀元前500年頃にかけてインドで集成された聖典。長い時間をかけて口承された後、文字の発達とともに編纂・文書化されました。

カ

カーマ
ヴェーダが説く人生の4つの目的のうちのひとつ。感情・感覚の幸福という「欲望」を、五感を通じて満足させること。

カパ
5大元素のバランスによって3種類に分けられる体質（ドーシャ）のひとつ。カパは結合のエネルギーで、水と地の元素から構成。

カルマ
日本語で「行為」という意味を表す用語。身・口・意（行うこと、言うこと、思うこと）のすべてを指し、魂が輪廻転生する原因であるとされています。

吉星
生来的によい影響をもたらす惑星のこと。インド占星術では木星、金星、水星、月。

凶星
生来的に悪い影響をもたらす惑星のこと。インド占星術では土星、火星、太陽、ラーフ、ケートゥ。土星外惑星の天王星、海王星、冥王星も凶星に分類されます。

凶ハウス
第3・6・11室のこと。凶星が在住するとよい働きをし、吉星が在住するとよい働きを失うハウス。

グナ
心の基礎となる生命エネルギー、心の性質のこと。サットヴァ（純質）、ラジャス（激質）、タマス（暗質）の3種類を総称してトリグナとも。

ケートゥ
黄道（太陽の軌道）と白道（月の軌道）が交わる2点のうち、月が北から南へ黄道を横切る点のこと。西洋占星術のドラゴンテイル、サウスノード。

減衰
惑星のエネルギーが最も弱くなる星座の位置。

ケンドラハウス
第1・4・7・10室のこと。吉星も凶星も在住すると強い影響力を発揮するハウス。

高揚
惑星のエネルギーが最も強くなり、勇気や高い地位をもたらす星座の位置。

コンジャンクション
2つ以上の惑星が同じハウス（星座）に在住するコンビネーション。西洋占星術と違い、インド占星術ではハウス（星座）単位で成立します。

コンビネーション
惑星、ハウス、星座が結びつく特定の法則。大きく分けて星座交換、コンジャンクション、アスペクト、在住の4つ。

サ

サイデリアル星座帯
インド占星術で使用されている星座システム。牡羊座の位置を基準として、12星座を決める方式。

在住
惑星が特定のハウス、または星座にいること。惑星が特定のハウスに在住することで、そのハウスと在住惑星が支配するハウスが結びつきます。

サットヴァ
心の基礎エネルギー（グナ）の1種。純質、純粋性とも訳され、精神面に愛情や優しさなどをもたらし、体のドーシャバランスを整える働きがあります。

支配星
星座やハウスを支配する惑星のこと。インド占星術で使う9つの惑星のうち、ラーフとケートゥを除く7惑星にはそれぞれ支配する星座が決まっています。

ジャータカ
インド占星術は占う対象と目的によって5つの分野に分けられ、そのうち個人の運勢を占うものを一般的に指します。

自由意志
外的な影響（強制、支配、制約など）を受けず、自発的な行為のすべて（思うこと、言うこと、行うこと）を選択できる意志の在り方。

象意
象は「かたどる」の意味で、惑星やハウスなどが表す意味を、万物や自然現象になぞらえた言葉。

ジョーティシュ（Jyotish）
サンスクリット語で「光の科学」「光の知識」という意味。インド占星術を指します。

星座交換
2つの星座が互いの支配星を交換するコンビネーション。西洋占星術ではエクスチェンジ、ミューチュアル・レセプションと呼びます。

タ　ダシャー（ダシャー・システム）
惑星や星座に期間を割り当てたサイクルを使い、出生図が表すカルマ（傾向・特徴）が人生のどの時点で現象化するのかを予測する技法のこと。

タマス
心の基礎エネルギー（グナ）の1種。暗質、惰性とも訳されます。増加すると怠惰になり精神活動が停滞し、肉体的にはカパを増加させます。

ダルマ
ヴェーダが説く人生の4つの目的のうちのひとつ。精神的・宗教的な教えを学び実践することで宇宙の普遍的な「法則」を会得すること。

定座
惑星が自分の支配する星座にいること。惑星が定座に在住すると、悪い結果よりよい結果が得られます。

ドーシャ
体を動かす生命エネルギー、体の性質（体質）のこと。サンスクリット語で「不純なもの」「増えやすいもの」「体液」といった意味。

ドシュタナハウス
第6・8・12室のこと。ハウスを支配する惑星も、在住する惑星も凶星化してしまうハウス。

土星外惑星
土星の外側を公転する天王星、海王星、冥王星の3惑星を、一般的に土星外惑星（トランスサタニアン）と呼びます。

トリコーナハウス
第1・5・9室のこと。ハウスを支配する惑星も、在住する惑星も吉星化するハウス。

トロピカル星座帯
現在の西洋占星術で使用されている星座システム。春分の瞬間に太陽がある位置（春分点）を牡羊座の0度と定め、そこを基準に12星座を決める方式。

ナ　ナクシャトラ
天空を27分割してできる星宿のこと。月の公転周期（約27日）に対応しているため、月を重要視するインド占星術では大切な概念のひとつ。

ハ　ハウス
人が生まれてから死ぬまでに経験するテーマを12の部屋（ハウス）として分類する概念。出生時刻で決まるアセンダントがある星座を第1室とします。

ピッタ
5大元素のバランスによって3種類に分けられる体質（ドーシャ）のうちのひとつ。ピッタは変換のエネルギーで、火と水の元素から構成されます。

ホロスコープ
生まれた瞬間の天体配置を投影した平面図。チャート（ネイタル・チャート）や出生図ともいい、インド占星術ではクンダリー、ラーシと呼びます。

マ　マハー・ダシャー
代表的な未来予測の技法「ヴィムショタリ・ダシャー」の10年単位の周期を表します。長期的な運気の傾向を見るのに使います。

ムーラトリコーナ
高揚の次に、惑星が力を発揮できる位置。2つの支配星のうち、どちらか一方の星座における特定の度数域がムーラトリコーナになります（月を除く）。

モクシャ
ヴェーダが説く人生の4つの目的のうちのひとつ。人生の最終目的である「悟り・解脱」に至るためにあらゆる執着を手放す努力をすること。

ヤ　ヨーガ
惑星やハウスの特定の結びつきを表す用語。サンスクリット語で「つながる」「結ぶ」などの意味があり、瞑想やポーズをとるヨーガ（ヨガ）と語源は同じ。

ラ　ラーフ
黄道（太陽の軌道）と白道（月の軌道）が交わる2点のうち、月が南から北へ黄道を横切る点のこと。西洋占星術のドラゴンヘッド、ノースノード。

ラグナ
アセンダント（第1室）のこと。また、月が入る星座を月ラグナと呼ぶこともあります。

ラジャス
心の基礎エネルギー（グナ）の1種。動性、激質とも訳され、増加すると活動的になり怒りの感情が表れることも。ヴァータ、ピッタを増加させます。

輪廻転生
命あるもの（魂）が何度も転生し、生まれ変わるという古代インドにおける死生観。転生が繰り返す様を車輪の軌跡に例えて漢字の輪廻がつけられました。

K・ナラヤン・ラオ
古来より伝わるインド占星術を近代の世界に広め、学問として体系化した占星術師。世界最大の占星術学校（Bharatiya Vidya Bhawan）創設者。

おわりに

　いかがでしたでしょうか。自分らしさや人生の目的を生きる気づきは、得られたでしょうか。

　ときにインド占星術は、出来事の起こる時機をあまりに的確に示すため、恐れや葛藤を感じさせることもあります。けれども、それを乗り越え、人生を「あるがまま」に受け入れることで、真の心の安らぎをもたらしてくれます。

　ただ、不安や恐れから占星術に依存することは、私たちに「害」を与えます。占星術は、あなたに人生の導きとなるヒントを与えてくれますが、あなたの人生の答えを与えてくれるわけではないのです。

占星術は、地球での体験から愛と智慧を育み、自分らしい幸せな人生の方向性を見出すためのツールです。

宇宙の星々の叡智を学ぶことは、人生の大きな喜びとなります。

面白いと感じた方は、ぜひ、さらなる学びを続けてみてください。

あなたの心が太陽のような暖かな光と感謝に満たされることを祈っています。

生きとし生けるものが幸せでありますように。

星慧学ラボ主宰

村上幹智雄　ーミチユウー

村上幹智雄 ーミチユウー

星慧学ラボ主宰。1978 年生まれ。東京工業高等専門学校卒業後、技術者として就職するが2年で退職。その後バックパックでインドを旅し、ヨガ哲学やヴィパッサナー瞑想、インド占星術と出会い、精神世界について学びはじめる。2012 年よりインド占星術を教えはじめ、受講生はのべ1200 人を超える。「私たちが生まれてきた意味や魂の目的」に覚醒（めざ）め、「幸せな人生を生きるための智慧」として占星術を教えている。なかでも天職や使命、ビジネス、セラピスト向けの心理・医療占星術が中心的なテーマ。
運命を知るだけでなく、実践的に人生を変えていくためにコーチング、メンタリング、純粋倫理なども学び、宇宙の法則を統合的に理解し、生きる智慧を深める研究を続けている。
公式 HP：http://jyotish.michiyuu.info/
YouTube チャンネル：https://www.youtube.com/c/ 星慧学ラボ

いちばん
一番わかりやすい
はじめてのインド占星術
せんせいじゅつ

2021 年 9 月 1 日　第 1 刷発行
2024 年 2 月 10 日　第 5 刷発行

著 者	村上幹智雄 ーミチユウー（むらかみ ちゆう）
発行者	吉田芳史
印刷所	株式会社光邦
製本所	株式会社光邦
発行所	株式会社日本文芸社
	〒 100-0003
	東京都千代田区一ツ橋 1-1-1　パレスサイドビル 8 F
	TEL　03-5224-6460（代表）

Printed in Japan
112210819-112240130 Ⓝ 05（310069）
ISBN978-4-537-21916-6
©Michiyu Murakami 2021
（編集担当：河合）

※本書に掲載されている情報は 2021 年 7 月時点のものです。
紹介されているアプリの内容などは予告なく変更されたり、中止になったりすることがあります。あらかじめご了承ください。
※本書の主な操作手順は、Windows10 をもとに撮影し、動作を確認しています。他の機種では動作画面や名称がことなる場合があります。

内容に関するお問い合わせは、
小社ウェブサイトお問い合わせフォームまでお願いいたします。
https://www.nihonbungeisha.co.jp/

参考文献

『あなたのための占星術』ダグラス・ブロック、デメトラ・ジョージ 共著／近藤テ留ミ 訳（コスモス・ライブラリー）
『インド占星術の基本体系 I／II』K.S. チャラク著／本多信明 訳（太玄社）
『解説ヨーガ・スートラ』佐保田鶴治 著（平河出版社）
『鏡リュウジの占星術の教科書 I 自分を知る編』鏡リュウジ 著（原書房）
『完全版 心理占星学入門』岡本翔子 著（アスペクト）
『基礎からはじめるインド占星術入門』本多信明 著（説話社）
『最古の占星学—超古代「ヴェーダ文明」が明かす』井岡治彦 著（　）
『実践インド占星術』本多信明 著（説話社）
『人生を照らす光』ハート・デフォー、ロバート・スヴォボーダ 共著／井岡治彦 訳 Kindle
『新版 インドの生命科学 アーユルヴェーダ』上馬塲和夫、西川眞知子 共著（農山漁村文化協会）
『占星術バイブル』ジュディ・ホール 著／加野敬子 訳（産調出版）
『ラオ先生のインド占星術　運命と時輪　上下巻』K. ナラヤン・ラオ 著／大森一 訳（星雲社）
『ラオ先生のやさしいインド占星術 入門編』K. ナラヤン・ラオ、K. アシュ・ラオ 共著／大森一 他 訳（星雲社）
『流水りんこのインド占星術は深いぞ〜！』流水りんこ 著（主婦と生活社）
『Ayurvedic Astrology』David Frawley 著（Motilal Banarsidass）

STAFF

デザイン	市川しなの（Q.design）
カバーデザイン	別府 拓（Q.design）
DTP	松田祐加子（有限会社プールグラフィックス）
イラスト	きじまももこ
執筆協力	高野貴子（ことはかり）
編集協力	坂尾昌昭、中尾祐子（株式会社 G.B.）
校正	有限会社玄冬書林
協力	「アーユルヴェーダライフ」
	https://www.ayurvedalife.jp/
	（ホロスコープ作成サイト「インド占星術（ジョーティッシュ）研究プロジェクト」運営元）